Free Solo

*John Bachar was the guy who lived his dreams
and through those dreams all of us are inspired to be better.*

Ein amerikanischer Kletterer zum Tod von John Bachar

Alexander Huber

Free Solo

Mit Textbeiträgen von:

Hansjörg Auer
John Bachar
Peter Croft
Carlos García
Wolfgang Güllich
John Long
Michael Meisl
Alain Robert

INHALT

Free Solo – die Freude am intensiven Leben	6
Alleingänge in den Alpen	**18**
Die Anfänge	18
Die Zeit nach Preuß	20
Nicht ganz Free Solo und doch verrückt	24
Kalifornien – das Free-Solo-Eldorado	**29**
Die Geburt des Free Solo	29
John Long: Die reine Blasphemie	33
John Bachar: Warten auf Schatten	39
Die großen Wände kommen	45
Peter Croft: Einen Moment lang fliegen	51
Separate Reality	56
Wolfgang Güllich: Eine andere Wirklichkeit	57
New Generation	60
Ein schwieriger Fall	64
Soloklettern in Europa	**70**
Hartes Sportklettern	70
Die französische Antwort auf Free Solo	73
Alain Robert: »La nuit du lézard«	79
The Human Spider	83
Los Mallos de Riglos	88
Carlos García: Träume von der Freiheit	90
Faszination Free Solo	**97**
Der Beginn eines langen Weges	97
Erste Free Solos	108
Solo alpin	111
Direttissima	114
Der zehnte Grad	121
Michael Meisl: »Opportunist«	123
Bis an die Schmerzgrenze	124
Dent du Géant	131
Immer höher, immer schwieriger	142
Hansjörg Auer: Der »Weg durch den Fisch«	143
Wohin geht die Reise?	148
Die Geschichte einer besonderen Begegnung	151

Seite 2: Der Blick ist auf das einzig Wichtige fokussiert: auf die Fingerspitzen, an denen das Leben hängt. Unter mir die gnadenlose, gähnende Leere.

Seite 4: Kurz und intensiv, aber exponiert und eindeutig haarsträubend – obwohl nur mit IX+ bewertet, gehört die »Mescalito« in Karlstein zu meinen schwierigsten Free Solos.

Die direkte Auseinandersetzung zwischen Mensch und Berg: ohne Seil, ohne Klettergurt unterwegs in »Locker vom Hocker« (VIII), Wetterstein.

FREE SOLO – DIE FREUDE AM INTENSIVEN LEBEN

Klettern in seiner reinen Form. Ohne Seil, ohne Klettergurt, ohne irgendeine Sicherung im senkrechten Fels unterwegs zu sein bedeutet eine direkte, ungeschminkte Auseinandersetzung zwischen Berg und Mensch, die man sonst in dieser Intensität im Alpinismus nicht noch einmal findet. Denn nirgendwo sonst geht es so wenig um körperliche Kraft, nirgendwo sonst zählt die mentale Stärke in einem so überragenden Maß.

Dabei handelt es sich nicht um einen Kampf gegen den Berg, denn unser Einsatz am Berg richtet sich gegen nichts und niemanden. Es geht nicht darum, besser zu sein als ein anderer. Die Motivation besteht nicht darin, einen Sieg über einen anderen davonzutragen. Du bist allein unterwegs am Berg, im steilen Fels, und das Einzige, was zählt, ist das Bestehen vor dir selbst. Du begibst dich aus freiem Willen in eine Gefahrensituation, in eine Situation, in der dann Bewährung alles ist. Diese martialische Auseinandersetzung mit der elementaren Schwerkraft – dieser Urkraft der Natur –, mit seinem eigenen Klettervermögen und seiner eigenen mentalen Stärke ist im Free Solo extrem, aber grundsätzlich natürlich auch gefährlich. Der Einsatz ist maximal: das eigene Leben. Das Leben ist der minimale Einsatz in dem Spiel, das den Namen Free Solo trägt!

Hoch hinaus wollen die Menschen immer. An den Bergen können sie es, höher als überall sonst. Sie sind neugierig auf die andere, unbekannte Perspektive, auf den Blick von oben. Die Aussicht, die hohe Berge ermöglichen, hat tatsächlich etwas Befreiendes: Du stehst über den Dingen, lässt die Probleme hinter dir zurück, gewinnst den Überblick. Davon träumen wir, wenn wir unten stehen und nach oben schauen, und deshalb hat Höhe aus der Tiefe gesehen für uns Menschen etwas Magisches. Für die einen ist sie abschreckend, für mich ist sie faszinierend.

Früher waren die Berge etwas Furchterregendes, man blieb ihnen besser fern. Mit der Geburtsstunde des Alpinismus begann sich das Bild, das sich die Menschen von den Bergen machten, zu ändern. Menschen, welche die Berge als Leidenschaft in sich tragen, verbinden mit ihnen ein positives Lebensgefühl. Nicht, dass die Berge heute weniger gefährlich wären – nein, die Gefahr ist untrennbar mit dem Steigen in den Bergen verbunden und für uns sogar ein notwendiger Bestandteil dieser Leidenschaft. Das selbstverantwortliche Handeln in der freien Natur ist tief in unseren menschlichen Wurzeln verankert. Hier in den Bergen können wir diese elementare Auseinandersetzung mit der Natur noch erleben, können wir die Ideen und Visionen, die in unseren Köpfen entstanden sind, verwirklichen.

Free solo in der senkrechten Welt unterwegs zu sein ist die für mich intensivste Art, mich mit dem Medium Fels auseinanderzusetzen. Es ist ein überwältigendes Gefühl, sich frei, einfach so, am Fels zu bewegen. Es ist ein Sich-Bewegen in einer anderen Wirklichkeit, im Raum zwischen dem Sein und dem Nicht-Sein, dessen man sich so tief bewusst ist, dass man glaubt, vor lauter Spannung die Luft knistern zu hören. Deswegen hat das Free-Solo-Klettern weniger von einem Hinaufsteigen, es ist vielmehr ein In-sich-Hineingehen.

Mit dem Moment, an dem ich am »Point of no return« die Tür hinter mir schließe, trete ich in eine Zwischenwelt ein. Eine intensive Selbstwahrnehmung, die von der Situation lebt: der Auseinandersetzung mit der unveränderten Urkraft der Natur. Ich bin frei und

Eindrücke aus einer anderen Wirklichkeit, die man als klare Bilder im Buch der Erinnerungen in sich trägt: Schweizerführe (VII/6b), Grand Capucin, Montblanc.

doch so verwundbar. Mehr als sonst spüre ich mich selbst, stehe in diesem Moment in der Mitte meines eigenen Lebens. Diese Selbsterfahrung ist es, die mich zu derart riskanten Unternehmungen motiviert. Und sie gibt mir auch gleichzeitig die Rechtfertigung, mich solchen scheinbar hirnlosen Aktionen zu unterwerfen.

Free Solo ist eine Möglichkeit, für kurze Zeit die Welt mit anderen Augen zu sehen. Ich tauche vollständig ab, bewege mich in einer verbotenen Zone und tauche erst wieder auf, wenn am Ende der Schwierigkeiten der Spielraum für Gedanken wieder größer wird. Ich nehme die Umwelt wieder wahr, sehe die Tiefe unter mir, die Wolken über mir, und je weiter ich nach oben komme, umso ruhiger werde ich.

Über die Jahre kletterte ich einige Routen free solo, und immer waren es besondere Tage für mich. Egal ob es eine Genussklettereí, ein Klassiker im sechsten Grad oder eine Direttissima ist: Der Blick zurück, am Ende des Tages, ist unheimlich intensiv. Da bin ich hinaufgeklettert! Die Vorstellung, an irgendeinem Punkt in der Wand, den jetzt das Auge fixiert, seilfrei und völlig exponiert unterwegs gewesen zu sein, berührt mich tief. Meist dauert es eine Weile, bis ich den Blick wieder von der Wand lösen, mich von dem Erlebnis verabschieden kann.

Mehr als bei anderen Erlebnissen am Berg bleiben diese Eindrücke durch die zwangsläufige Auseinandersetzung mit dem Tod tief in der Erinnerung verankert. Es sind Eindrücke aus einer anderen Wirklichkeit, die man als klare Bilder im Buch der Erinnerungen in sich trägt, während andere Momente schon längst im Nebel der Vergangenheit verschwinden.

Seite 10/11: Free Solo im Hochgebirge wurde für mich zu einer komplett neuen Erfahrung. In der Schlüsselseillänge der Schweizerführe (VII/6b) am Grand Capucin, Montblanc.

Seite 14/15: Die Wände der Mallos de Riglos werden oft liebevoll als überhängender Kartoffelacker bezeichnet. Das eigentlich unzuverlässig erscheinende Gestein bietet spektakuläre Kletterei an festem Fels, hier in der »Murciana« (VII+/6c)

Seite 12/13: 150 Meter Luft unter mir, 350 Meter Fels über mir. In der Direttissima (VIII+) der Großen Zinne.

Seite 16/17: Die Schlüsselstelle von »Locker vom Hocker« (VIII) im Wetterstein ist alles andere als locker. Kleinste Tritte und seichte Griffe verlangen präzises Klettern und beim Free Solo einen äußerst stabilen Geist.

Paul Preuß, einer der großen Pioniere des freien Kletterns und für mich der geistige Vater sowohl des Freikletterns als auch des Free-Solo-Kletterns.

Alleingänge in den Alpen

Die Anfänge

1786 wird gemeinhin als die Geburtsstunde des Alpinismus bezeichnet. Zwar hatte bereits 450 Jahre vorher Petrarca mit dem Mont Ventoux erstmals einen Gipfel aus reinem Selbstzweck bestiegen, nachhaltig verändert hatte dies die Gesellschaft aber nicht. Dazu war eben die Besteigung des Montblanc, des höchsten Berges der Alpen, notwendig. Die Bezwinger Michel Paccard und Jacques Balmat wandelten an diesem 8. August 1786 das Bild der Berge und lösten eine Entwicklung aus, die seither immer mehr Menschen in die Berge lockt.

Wohin aber konnte sich der Alpinismus weiterentwickeln, wenn mit der Initiation bereits der höchste Gipfel der Alpen bestiegen war? Eines ist klar: in die Höhe nicht. Es wäre allerdings auch eine sehr kurzsichtige Betrachtung, zu glauben, beim Bergsteigen gehe es nur um die absolute Höhe in Metern. Die Pioniere erkannten ziemlich schnell, dass es noch wesentlich interessantere Ziele gibt als den höchsten Berg der Alpen. Das Goldene Zeitalter, in dem alle großen Alpengipfel erobert wurden, dauerte fast hundert Jahre. Sein Ende markiert wohl kein Berg deutlicher als das Matterhorn, dieser Inbegriff eines Berges, steil, abweisend und 1865 in einem dramatischen Wettlauf erstmals bestiegen.

Mit dem Ende des Goldenen Zeitalters des Alpinismus war jedoch nicht das Ende seiner Entwicklung erreicht. Sicher, neue Gipfel gab es in den Alpen nicht mehr zu erobern. Aber die Bergsteiger hatten schon lange erkannt, dass darüber hinaus noch jede Menge Herausforderungen zu finden waren. Auch an kleinen Bergen gab es Grate und Wände, die von ihren Aspiranten alles forderten. Die vertikale Welt des Kletterns wurde Teil des Bergsteigens.

Gute hundert Jahre nach der Geburtsstunde des Alpinismus wurde eine der herausragenden Kletterpersönlichkeiten geboren. Längst hatte das Klettern schon das Bergsteigen durchdrungen; gerade in dem Jahr, in dem Paul Preuß geboren wurde, kletterte Georg Winkler als junger Stürmer und Dränger im Alleingang auf seinen Turm, den Winklerturm im Rosengarten. Preuß war schon als Kind in den Bergen unterwegs, ohne direkten Mentor erforschte er die alpine Welt. Er wurde zu einem der besten Kletterer vor dem Ersten Weltkrieg.

Das allein reicht aber nicht aus, um sein bergsteigerisches Erbe zu beschreiben. Was Paul Preuß wirklich auszeichnete, war seine Einstellung gegenüber den Herausforderungen, die Berge und Wände boten. Viele seiner Zeitgenossen sahen bei höheren Schwierigkeiten die Lösung des Problems in vermehrtem Einsatz von technischen Hilfsmitteln. Für ihn dagegen lautete das Ideal: Höhere Schwierigkeiten erfordern allein gesteigertes Können. »[…] die Lösung irgendeines Problems hat nur dann einen Wert, wenn sie selbstständig, d. h. ohne künstliche Hilfsmittel, durchgeführt wird. Das scheint mir oberstes Prinzip beim Alpinismus wie beim Klettersport zu sein […].« Preuß predigte den freiwilligen Verzicht des Kletterers auf die Technik. Er sah das Klettern als eine natürliche Fähigkeit des Menschen an, und er wollte diese Einstellung in den Bergen kompromisslos umsetzen: »In der Selbstbeschränkung liegt die Kunst des Meisters.« Es sollte auf keinen Fall der technische Aufwand sein, der höhere Schwierigkeiten möglich machte – der Mensch sollte an einem Problem so lange wachsen, bis er diesem gewachsen war. Das sind die Ideen der Freikletterer unserer Tage!

Die Bedeutung von Paul Preuß für die alpine Geschichte rührt also vor allem von der sehr modernen, sportlichen Einstellung her, die er propagierte. Dabei akzeptierte er Seil und Haken durchaus – als Sicherungsmittel für den Notfall. »Der Mauerhaken ist eine Notreserve und nicht die Grundlage einer Arbeitsmethode.« Ansonsten suchte er aber grundsätzlich immer die unverfälschte Auseinandersetzung mit den Schwierigkeiten: »Ich glaube mit meinen Ansichten eine Rückkehr zu dem im Niedergang begriffenen Alpinismus reinsten Stiles durchzuführen, dem Alpinismus, auf dessen festen Grund und Boden ich mit Leib und Seele zu stehen glaube.«

Gewicht bekamen seine Thesen vor allem dadurch, dass Preuß sie nicht nur in Worten formulierte, sondern auch in Taten umsetzte. 1911 war sein wohl produktivstes Jahr, mit zwei außerordentlichen Begehungen. Im Wilden Kaiser kletterte er die Piazführe an der Westwand des Totenkirchls – allein, in freier Kletterei, in nur wenigen Stunden. Eine Route, die damals als die schwierigste Felsfahrt galt! Seine kühnste Tour gelang ihm jedoch mit der Preußwand an der Guglia di Brenta in den Dolomiten. Ein Meisterwerk von einer Route – in senkrechtem Fels, logischer Linienführung, großer Ausgesetztheit. Er kletterte seine Erstbegehung frei, im Alleingang, ohne jede Sicherung, und das im Auf- wie im Abstieg. Mit keiner anderen seiner Erstbegehungen verlieh er seinen Aussagen mehr Gewicht. Mit keiner anderen seiner Erstbegehungen drückte er seinen Geist, sein Können, sich selbst so klar aus. Mit seiner klaren, direkten Linie an diesem wunderbaren Dolomitturm verewigte er seine Vision vom Bergsteigen, verewigte er sich selbst.

Paul Preuß war nicht der Erste, der free solo in der Senkrechten unterwegs war, auch wenn es noch mehr als 60 Jahre dauern würde, bis der Begriff Eingang in die Kletterwelt fand. Aber er war sehr wohl der Erste, der ganz bewusst auf alles verzichtete, die unverfälschte Begegnung mit der senkrechten Problemstellung suchte, in große, exponierte Wände ohne Seil und Sicherung einstieg. Es ging ihm um das Klettern in möglichst großer Ausgesetztheit, es ging ihm um den Grenzgang. Das kommunizierte er auch nach außen: »[…] nur einige Anregungen will ich damit geben, die vielleicht bei der kommenden Generation auf fruchtbaren Boden fallen können«, schrieb er in seinem berühmten Aufsatz »Künstliche Mittel auf Hochtouren«. Aufgrund seiner Aussagen, seiner Einflüsse, seiner Ideen und der Qualität seiner Besteigungen sehe ich Paul Preuß als geistigen Vater sowohl des Freikletterns als auch des Free-Solo-Kletterns. Nur zehn Jahre war er im steilen Fels unterwegs, dennoch prägte er das Bergsteigen wie kein anderer. Seine Gedanken waren elitär, seine Ideen kühn – zu kühn, um damals allgemein verstanden zu werden. Erst heute, in der Retrospektive, erkennen wir das Gewicht eines Paul Preuß in der Geschichte des Bergsteigens.

Der geistige Vater des Free-Solo-Kletterns war gleichzeitig dessen prominentestes Opfer. Am 3. Oktober 1913 stürzte er beim Versuch der Erstbegehung der Nordkante des Nördlichen Manndlkogels im Gosaukamm tödlich ab. Wie an der Guglia di Brenta war er alleine, frei kletternd und ohne jegliche Sicherung unterwegs. Niemand sah ihn abstürzen, erst Tage später fand man ihn tot im Schuttkar am Fuß des Manndlkogels. Diejenigen, die später die Kante erstbegingen, waren der Überzeugung, dass der Unfall weit oben passiert sein musste, denn während des Aufstiegs hatte Preuß Steinmänner errichtet. Kurz unterhalb des Gipfels waren plötzlich keine mehr zu finden.

Natürlich wurde in der Folge nur allzu oft betont, dass Preuß das Opfer seiner eigenen Ideen wurde. Doch gerade seine Grenzgänge erfüllten sein Dasein mit Leben, seine Passion gab ihm das Gefühl, lebendig zu sein. Dass damit ein hohes Risiko verbunden war, dessen war auch er sich bewusst. Preuß galt nicht als überheblicher und abgehobener Mensch, sondern als zugänglich, aufgeschlossen, in gewissem Sinne »ganz normal«. Und so sehe ich den Absturz, der sein Leben beendete, eher als einen der vielen Unfälle an, die sich in den Bergen immer wieder ereignen.

Die Zeit nach Preuss

Auch wenn Paul Preuß sicher derjenige war, der durch die Kompromisslosigkeit seiner Einstellung als der Vater des Free-Solo-Kletterns bezeichnet werden kann, war er nicht der Einzige, der schwierige Alleingänge am Fels realisierte. Hans Dülfer, sein Kontrahent im sogenannten Mauerhakenstreit, kletterte am 3. September 1913 in der Fleischbank-Südostwand im Wilden Kaiser den nach ihm benannten Riss – mit Sicherheit eine Steigerung zu dem, was Preuß an der Guglia di Brenta im Alleingang geklettert war. Anders als bei Preuß kamen aber Seil und Haken zum Einsatz, und dieser Stilunterschied entspricht auch der unterschiedlichen Einstellung der Protagonisten: auf der einen Seite der Purist, auf der anderen Seite derjenige, der als Bahnbrecher der modernen Seil- und Sicherheitstechnik gilt.

In der Folgezeit gab es dann eine Vielzahl von Alleingängen, wenn sie auch keine Free Solos im eigentlichen Sinne waren. Free Solo verlangt eben nicht nur Können und mentale Kraft, sondern auch die konsequente

Emilio Comici, der wohl berühmteste Dolomitenkletterer seiner Zeit. Die Alleinbegehung seiner eigenen Route in der Nordwand der Großen Zinne war bahnbrechend.

Einstellung, verbunden mit der Forderung, auf alles zu verzichten.

1936 war Emilio Comici, der wohl berühmteste Dolomitenkletterer seiner Zeit, auf einem Ausbildungskurs für die Offiziere der Alpini in der Brentagruppe. Weil er das Ausbildungsgelände um die Tosahütte kennenlernen wollte, ging er schon vorher hinauf, um vor allem mit der Guglia di Brenta, dem markantesten Turm dieser Berge, Bekanntschaft zu machen. »Sofort nach meiner Ankunft auf der Tosahütte wurde ich von allen anwesenden Bergsteigern neugierig beobachtet. Aber ich traf dort oben auch meinen guten Freund Detassis und erzählte ihm von meinem Vorhaben, die Fehrmannverschneidung auf die Guglia di Brenta klettern zu wollen. Bruno war wie immer sehr freundlich, und er riet mir, den Träger Rizzi mitzunehmen, der ein ausgezeichneter Kletterer sei. Ich lehnte aber ab und sagte ihm, dass ich lieber allein klettern wolle.

Am folgenden Morgen gegen neun Uhr sahen mich die neugierigen Bergsteiger mit einer zwei Meter langen Reepschnur, einem Karabiner, einem Hammer und zwei Haken aufbrechen. Um es kurz zu sagen: Es ging zur Fehrmannverschneidung. 350 Meter Kletterei bis zum fünften Grad, die bis zur großen Schulter, dem Spallone der Guglia di Brenta, führt. Im Führer ist sie als außerordentlich schwierig eingestuft, die mittlere Begehungszeit ist mit sieben Stunden angegeben. Als ich den Spallone erreichte, höre ich unten jemanden meinen Namen rufen. Irgendjemand schrie zu mir herauf: ›Du hast eine Stunde und 14 Minuten gebraucht!‹ Es sind die neugierigen Bergsteiger aus der Tosahütte [...]. Anstatt nach der Ankunft auf dem Spallone den Aufstieg auf der Normalführe, also durch die ebenfalls sehr schwierige Ampfererwand, fortzusetzen, kam es mir in den Sinn, die Preußführe durch die Ostwand zu klettern. Deshalb umkreiste ich den gesamten Turm, indem ich das Ringband, den ›Stradone Provinziale‹, bis zu seinem Ende verfolgte. Als ich an der Stelle vorbeikam, an der der Normalweg von unten her das Ringband erreicht, hörte ich zwei diskutieren: ›Das kann doch nicht möglich sein!‹ – ›Für ihn ist es vielleicht doch möglich!‹ Und gleich kam die Frage: ›Woher kommst du?‹ Und ich antwortete: ›Von der Fehrmannverschneidung.‹ Da stellte der eine triumphierend fest: ›Siehst du! Für einen Comici ist es doch möglich!‹

Wir grüßten einander, und bald schon waren sie verschwunden, weil sie den ›Stradone Provinziale‹ hinüber zur Ampfererwand querten. Ich dagegen schaute mich ein wenig um, weil ich sehen wollte, ob ich nicht die Haken der Preußführe entdecken könnte. Aber nach Mitteilung von Detassis stammen alle Haken, die man sieht – und es sind viele – von Leuten, die den Einstieg verfehlt haben und festgesessen sind. Die Haken auf der richtigen Route dagegen hatte er alle entfernt, weil es zu viele gab und er die ›Eisenware‹ für andere Erstbegehungen brauchen konnte. Also kletterte ich über die gelben Überhänge gerade hinauf. Haken fand ich keine [...].

Ich brauchte nicht länger als ungefähr 20 Minuten, um den Gipfel zu erreichen und damit jene 120 Meter zu überwinden, die den lokalen Bergsteigern so viel Schrecken einflößen. Oben ruhte ich mich in der Sonne aus, dann machte ich mich an den Abstieg. Dem, der es nicht weiß, möchte ich sagen, dass man sich achtmal abseilen muss, um von der Guglia di Brenta wieder herunterzukommen.

Die Nordwand der Großen Zinne. Die »Comici« verläuft im rechten Wandbereich und nimmt damit den Weg des geringsten Widerstands.

Während ich mich frei kletternd im Abstieg durch die Ampfererwand befand, begegnete ich den beiden Freunden von vorher. Seit geraumer Zeit kämpften sie sich wohl schon an diesen wenigen Metern Fels ab, um die Wand im Aufstieg zu überwinden. Ich weiß nicht, was sie empfanden, als sie mich erneut erblickten und sahen, wie ich durch die gleiche Wand tänzelnd und fast schon verspielt herunterkletterte. Als ich an ihnen vorbeikam, fragten sie mich erneut: ›Woher kommst du?‹ – ›Von der Preußführe!‹, antwortete ich. Jetzt sagten sie nichts mehr. Sie drückten sich nur noch an die Wand, um mich vorbeiklettern zu lassen. Ich grüßte sie nochmals, ihnen schien es aber in diesem Moment die Sprache verschlagen zu haben. Und tatsächlich, seit diesem Tag sagen die Führer von Madonna di Campiglio und die Bergsteiger von Trento nicht mehr: ›Ach, der Comici, der ist kein guter Kletterer, der ist bloß ein berüchtigter Hakenpflanzer.‹«

25 Jahre nach Paul Preuß kletterte also auch Emilio Comici »free solo« durch die Ostwand der Guglia di Brenta. Gut, da waren die zwei Haken, der Hammer und die Reepschnur dabei. Wenn man aber liest, wie Comici durch die Fehrmannverschneidung und die Preußführe hinaufsprintete, dann lässt sich daraus ablesen, dass der qualitative Unterschied zum puristischen Free Solo nur sehr klein war. Dass Comici nicht völlig konsequent free solo unterwegs war, lässt sich aus der Tatsache heraus erklären, dass es damals weder als Begriff bekannt noch als Stil etabliert war. Letztendlich waren die für diese Begehung mitgeführten Hilfsmittel so marginal, dass man sich sicher sein kann, dass – wäre free solo als Ausdruck und Stil schon etabliert gewesen – einer wie Comici bewusst auf diese wenigen Mittel verzichtet hätte.

Wesentlich bekannter als die Alleinbegehung der Preußführe wurde jedoch eine Aktion, die Comici nur kurze Zeit später, im September 1937, startete. Es war ein Tag, an dem er in Cortina als Bergführer keine Arbeit bekam. »An diesem Tag also langweilte ich mich und hatte Lust zu klettern. Da ich schon in der Brenta begonnen hatte, Gefallen am Alleingehen zu finden, schwirrte mir der Gedanke durch den Kopf, ich könnte die Nordwand der Großen Zinne im Alleingang angreifen.« Und schon war er mit dem Motorrad unterwegs zur Auronzohütte am Fuß der Drei Zinnen.

Die von ihm drei Jahre zuvor zusammen mit den Brüdern Dimai eröffnete Route gehört zu den berühmtesten und schwierigsten überhaupt. Ähnlich wie Preuß stieg Comici also allein durch eine Wand am Limit der Kletterkunst seiner Zeit. Heute verlangt die Route in freier Kletterei den soliden siebten Grad, es liegt also auf der Hand, dass Comici gerade diese Führe damals nicht astrein free solo durchsteigen konnte und durchaus auf die zu seiner Zeit schon üblichen hakentechnischen Hilfsmittel zurückgriff, »30 Meter Seil, zehn Karabiner, zehn Haken, den Hammer und den Steigbügel«. Eigentlich hatte Comici geplant, sich selbst zu sichern.

Nach ein paar Havarien mit dem Seil verzichtete er dann allerdings auf derartig zeitraubende Manöver und kletterte kurzerhand ohne Seil weiter. »Nur schwer kann ich diesen Rausch und diese Freude erklären, die mich im Gefühl des Alleinseins in dieser furchtbaren Wand überkamen. Die Beine weit ausgespreizt, den Körper zum Bogen gespannt, mit dem Blick auf das in den Abgrund hängende Seil – und dann diese Leere! Was für eine Freude! Freude zu leben, Genugtuung, innigster Stolz, mich so stark zu fühlen, dass ich ganz allein Herr bin über diese Leere und den Überhang.«

Schnell kletterte Comici durch die Wand, in der mittlerweile viele Haken stecken, und genoss ganz offensichtlich jeden einzelnen Meter. »Ich gebe von vornherein zu, dass das Alleinklettern in schwierigen Wänden das Gefährlichste ist, was man überhaupt machen kann. […] Aber was man in jenen Augenblicken fühlt, ist so erhaben, dass sich das Risiko lohnt. Ich bemerke, dass ich eigentlich etwas Gotteslästerliches gesagt und so gegen die Gebote Christi verstoßen habe. Dennoch glaube ich nicht, gesündigt zu haben; denn ich habe damals gefühlt, dass ich nichts wagte, was über meine Kräfte hinausging.«

Am Gipfel angekommen, trug sich Comici zufrieden und überglücklich ins Gipfelbuch ein. »Durch die Nordwand in dreidreiviertel Stunden allein heraufgestiegen.« Und resümierte: »Wir leben einzig von den Sinneseindrücken, jeder hat seine eigenen, sonst wäre das Leben nutzlos und leer. Aber um dieses Leben vollkommen auszuschöpfen, muss man etwas wagen.«

Tatsächlich war diese Alleinbegehung bahnbrechend und mit nichts zu vergleichen, was bis zu diesem Zeitpunkt bereits an Alleingängen realisiert worden war. Ein Free Solo aber war sie streng genommen nicht. Die Freikletterschwierigkeiten der Nordwand der Großen Zinne liegen allerdings deutlich im siebten Grad, und es dauerte noch einige Jahre, bis solche Schwierigkeiten im Gebirge frei geklettert werden konnten.

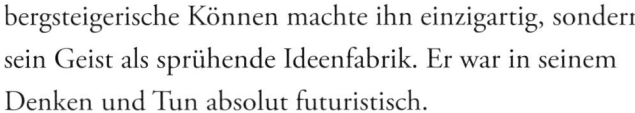

Hermann Buhl auf dem Pizzo Badile: »Der Gipfel ist erreicht. […] Aus den Gesichtern der Italiener kann ich Begeisterung und Erstaunen lesen. Sie treten heran und stellen sich vor, einer nach dem anderen: Mauri, Ratti …«

Nicht ganz Free Solo und doch verrückt

Auch in der Folgezeit blieben die großen Alleingänge im strengen Sinn nicht puristisch. Einfach deswegen, weil der puristische Ansatz noch nicht existierte, und oft genug auch aufgrund der Freikletterschwierigkeiten, die oberhalb dessen lagen, was damals im alpinen Gelände geleistet werden konnte. Einer der verrücktesten Alleingänge, die in diese Kategorie einzureihen sind, gelang Hermann Buhl.

Hermann Buhl. Der beste Bergsteiger der Nachkriegszeit. Ein Charaktermensch mit einem Charisma, wie es nur wenige Bergsteiger haben. Ein Kletterer, der nicht nur über ein immenses Können und einen unbändigen Willen verfügte, sondern darüber hinaus den Weitblick hatte, was im Klettern möglich sein könnte. Nicht das bergsteigerische Können machte ihn einzigartig, sondern sein Geist als sprühende Ideenfabrik. Er war in seinem Denken und Tun absolut futuristisch.

Es war 1952. Die Nordostwand des Pizzo Badile, von keinem Geringeren als Riccardo Cassin erstbegangen, ist eine der großen Wände der Alpen. Buhl reist einen ganzen Tag mit dem Fahrrad aus Innsbruck an und klettert in nicht mehr als sechs Stunden durch die Wand. Allein. Am nächsten Tag muss er wieder arbeiten. Also fährt er nach dem Abstieg zurück, wieder mit dem Fahrrad. Er schindet sich durch die Nacht, bis er im Morgengrauen endlich kurz vor Innsbruck ist. »Schnurgerade, etwas fallend, zieht die Straße entlang des Innufers. Leicht flitzen die Räder über den Asphalt. Da – plötzlich kracht es, und ich werde gewaltsam gestoppt. Im Bruchteil einer Sekunde fliege ich schon in hohem Bogen durch die Luft, überschlage mich und lande im Hochwasser führenden Inn.« Das Fahrrad ist hin, den Rest des Weges legt Buhl zu Fuß zurück und ist gerade noch rechtzeitig zum Arbeitsbeginn in Innsbruck.

Hermann Buhls Ideen und seinen Namen kannte ich, ehe ich von ihm gelesen hatte. Er war *der* Bergsteiger der Fünfzigerjahre – wenn auch nicht unumstritten, galt er doch als kompromisslos, ehrgeizig, ohne Maß, nur das Ziel vor Augen. Buhl verlor 1957, nur kurz nach der Erstbesteigung des Broad Peak, sein Leben, als er im undurchsichtigen Nebel an der Chogolisa durch eine Wechte brach. Der Ausnahmebergsteiger Buhl war tot, doch sein Mythos lebte weiter.

Buhl war seiner Zeit um Jahrzehnte voraus. Seine spektakuläre Alleinbegehung der Badile-Nordostwand

Ein glücklicher Hermann Buhl nach der gerade geglückten Erstbesteigung des Nanga Parbat.

Unten: Bald nach der spektakulären Alleinbegehung der Badile-Nordostwand – sie zeigt den Stil des Ausnahmekletterers.

zeigt den Stil dieses Ausnahmekletterers, seine Besteigung des Broad Peak verweist auf den Höhenbergsteiger der Zukunft. Wäre Hermann Buhl in die heutige Zeit hineingeboren worden, er wäre heute mit Sicherheit einer der besten Sportkletterer und ein klassischer Bergsteiger ohnegleichen. Buhls herausragende Qualität war die Bereitschaft zum ganzen Einsatz.

Der Alpinismus hat sich auch nach Hermann Buhl noch weiterentwickelt. Eines aber ist immer gleich geblieben: das Risiko beim Grenzgang. An der Grenze des Möglichen unterwegs zu sein bedeutet, die Auseinandersetzung zwischen Mensch und Berg zu suchen wie seinerzeit Hermann Buhl. Das Risiko ist dabei integraler Bestandteil des Bergsteigens. Genau diese Suche nach den Grenzen des Möglichen, diese direkte Auseinandersetzung zwischen Mensch und Berg, die das Risiko zwangsläufig einschließt, ist die Motivation, die uns gezielt auf Situationen zusteuern lässt, die ein Mensch von Natur aus eigentlich vermeiden will.

Ähnlich wie Buhl waren nach dem Zweiten Weltkrieg immer wieder einige der besten Kletterer im Alleingang am Fels unterwegs. Nur wenige machten es zur Kultur. Der bekannteste unter diesen wenigen war »il ragno delle Dolomiti«, die Spinne der Dolomiten. Cesare Maestri, geboren 1929, war einer der besten Dolomitenkletterer seiner Zeit, der eine Vielzahl von Spuren hinterließ. Allerdings sind es nicht seine Erstbegehungen, oft von überwiegend hakentechnischer Natur, die ihm diesen Namen eingebracht haben, sondern seine Alleingänge. Die berühmte Sollederführe an der Nordwestwand der Civetta, die »Soldá« an der Marmolada oder die »Via delle Guide« an der Crozzon di Brenta sind nur einige wenige Beispiele von Maestris Soloreisen durch die vertikale Welt. Immer wieder wurde er gesehen: als kleiner Punkt in der Wand, wie eine Spinne inmitten einer Riesenmauer.

Claude Barbier setzte dem noch eins drauf. In Bergsteigerkreisen kannte man den 1938 geborenen Belgier ausschließlich als »Claudio« Barbier, wie er sich auch selbst nannte. Und das nicht zufällig, denn seine große Liebe waren die Dolomiten, wo er mindestens so viele Freunde hatte wie zu Hause. Als Belgier war er natürlich nicht in den Bergen aufgewachsen, aber er hatte mit

Alle fünf Nordwände im Massiv der Drei Zinnen an nur einem Tag: Der belgische Wunderkletterer Claudio Barbier zeigte sich als Vorreiter einer Generation, die erst noch kommen sollte.

Freÿr das einzige Klettergebiet Belgiens direkt vor der Haustür. Ab Mitte der Fünfzigerjahre war Barbier jeden Sommer wochenlang in seiner zweiten Heimat, den Dolomiten, wiederholte praktisch alle schweren Routen, kletterte neue und konzentrierte sich, bedingt durch den chronischen Partnermangel, mehr und mehr auf Alleinbegehungen. Seine Alleingänge waren ausnahmslos schnell. Nur dreieinhalb Stunden für die Nordwestwand des Torre di Valgrande. Keine sieben Stunden für die »Andrich/Faé« an der Punta Civetta. Es ist sehr unwahrscheinlich, dass er die Routen vollkommen frei kletterte – dafür waren die Routen damals zu schwer. Wahrscheinlicher ist, dass der eine oder andere Haken als Griff oder Tritt herhalten musste. Trotzdem: Was Claudio Barbier leistete, wurde im Fels von keinem anderen Alleingänger erreicht.

Das absolute Highlight lieferte Barbier im Sommer 1961, als er an einem einzigen Tag alle fünf Nordwände im Massiv der Drei Zinnen allein kletterte. Am 24. August stieg er um 5.20 Uhr in die »Cassin« (VI/A1) ein: »Ohne Grauen, nur maßlose Freude!« Um 8.18 Uhr stand er am Gipfel: zwei Stunden, 58 Minuten für die Nordwand der Westlichen Zinne. Dann kletterte er die Demuthkante (VI–) ab, und um 10.10 Uhr begann er mit der zweiten Station seines Marathons, der »Comici« (VI/A0), die er in drei Stunden und doch »schon ein bisschen müde« hinter sich brachte. Als er um 14.45 Uhr in den Preußriss (V) am Preußturm einstieg, war er dann schon »wirklich müde«. Genau eineinhalb Stunden später folgte die »Dülfer« (IV+) hinauf zu Punta di Frida mit unglaublichem »Durst!«, und zum Abschluss kletterte er noch die »Innerkofler« (IV+) an der Kleinen Zinne. Um 18.25 Uhr stand er auf dem letzten Gipfel seines Zinnen-Tages. Noch vor dem Dunkelwerden erreichte Barbier sein Ziel. »Zinnenhütte. 20.25 Uhr. Riesendurst! Ich trinke sehr viel. Reider und seine Frau glauben, dass ich besoffen bin, aber es ist nur die Anstrengung. Wasser, Wein, Tee, Kaffee, Grappa!« Er ließ es sich gut gehen und feierte »seinen« besonderen Tag. Knappe 2000 Klettermeter in insgesamt nur gut 13 Stunden! Auch moderne Akteure wie Thomas Bubendorfer waren an den klassischen Routen der Drei Zinnen nicht viel schneller unterwegs.

Claudio Barbier war zweifellos in seiner Epoche ein Ausnahmekletterer – der sogenannte »Wunderkletterer«. Wie ein einsamer Stern steht seine Leistung am Kletterhimmel. Auch wenn er an einigen Stellen die vorhandenen Haken zur Fortbewegung benutzte, so kletterte der Belgier sicher 99 Prozent der Strecke ehrlich free solo, ohne jegliche Sicherung. Lange bevor die Kletterer in Chamonix oder im Yosemite begannen, Enchaînements und Free-Solo-Begehungen als Stilformen des Alpinismus zu etablieren, zeigte sich Claudio Barbier als Vorreiter einer Generation, die erst Jahre später folgen würde.

Der erste Vertreter dieser neuen Generation kam 13 Jahre später zu den Zinnen. Der damals 18-jährige Tiroler Heinz Mariacher hatte tatsächlich das Vorbild Barbiers im Hinterkopf, als er durch die Nordwände der Westlichen und der Großen Zinne kletterte. Ein heftiges Gewitter durchkreuzte aber seinen Plan. Nach der unfreiwilligen Zwangspause setzte er sein Enchaînement am nächsten Tag mit dem Preußriss und der »Egger/Sauscheck« (VI+) an der Kleinen Zinne fort. Neu war die Kompromisslosigkeit, mit der ein noch so junger Alpinist diese großen Wände anging. Mariacher beging die »Comici« (VII) frei und ohne Selbstsicherung, das Seil lediglich auf dem Rücken gebunden, die »Egger/Sauscheck« vollständig frei, allerdings mit Selbstsicherung. Und auch die Schlüsselseillänge der »Cassin« (VIII–) kletterte er bis auf zwei, drei Haken frei. In den Alpen gab es noch keine konkreten Vorstellungen von freiem Klettern oder Free Solo, und Mariacher will auch aus der Erinnerung nicht behaupten, dass es astreine freie Begehungen waren, genauso wie es keine astreinen Free-Solo-Begehungen waren. Für diesen Begriff war die Zeit noch nicht reif. Erst musste noch der Amerikaner John Bachar mit seiner klaren, kompromisslosen Formulierung kommen.

Man darf durchaus auch erwähnen, dass selbst die Leistung eines Thomas Bubendorfer nicht wirklich höher zu bewerten ist. 27 Jahre nach Barbiers Enchaînement kletterte Bubendorfer im August 1988 die Nordwände der Westlichen, der Großen und der Kleinen Zinne, die Route »Schwalbenschwanz« (VI) an der Marmolada-Südwand sowie die »Via Niagara« (VI+) an der Pordoispitze, alles an einem Tag im seilfreien Alleingang, insgesamt die gewaltige Kletterstrecke von 2500 Metern. Sicher war es eine Steigerung in der Länge und auch in der Schwierigkeit, allerdings ließ sich Bubendorfer im damals für nur kurze Zeit »modernen« Stil per Hubschrauber von den Gipfeln zum jeweils nächsten Einstieg fliegen. Damit sparte er sich die anstrengenden Abstiege und vor allem wertvolle Zeit. Ähnlich wie Barbier und Mariacher vor ihm kletterte auch Bubendorfer in der schwierigen Cassinführe in der Nordwand der Westlichen Zinne zwar seilfrei, aber nicht frei, also auch nicht free solo. Trotzdem ist Bubendorfers Leistung exzellent, allerdings nicht auf die gleiche Weise herausragend wie Barbiers Husarenstück 27 Jahre zuvor. Während der Belgier mit der Aneinanderreihung aller

fünf Nordwände der Drei Zinnen 1961 seiner Zeit weit voraus war, stand Bubendorfers Sammlung nicht als einsamer Stern am Kletterhimmel. Denn Ende der Achtzigerjahre war der Kanadier Peter Croft mit seinen Enchaînements im kalifornischen Yosemite Valley dem Rest der Welt schon ein Stück voraus.

Wie sein berühmter Vorgänger Emilio Comici stürzte Claudio Barbier tödlich ab – nicht beim Free-Solo-Klettern, sondern im Klettergarten. Und wie Comici nicht beim Klettern, sondern beim Abseilen: Beiden wurde ein ausbrechender Stand zum Verhängnis. Und beide hatten trotz ihres überragenden Könnens keine Chance.

Stärker als irgendjemand sonst prägte John Bachar das Idealbild des Free Solo. Bewaffnet nur mit Kletterschuhen und Magnesia, klettert er »Up 40« (VII+/5.11a) am Molar, einem der typischen Felsblöcke in der Wüste von Joshua Tree, Kalifornien.

John Bachar in »More Monkey Than Funky« (VIII–/5.11c), Joshua Tree, Kalifornien.

Kalifornien — das Free-Solo-Eldorado

Die Geburt des Free Solo

Es gibt beim Klettern ziemlich viele Möglichkeiten, auch ohne weitere Erstbegehungen immer größeren Herausforderungen zu begegnen. Nimm die Stoppuhr, und du landest beim Speedklettern. Verzichte auf technische Hilfsmittel, und du begegnest dem Freiklettern. Verzichte auf alles, und du bist beim Free Solo.

Über Free Solo wurde schon so viel geschrieben, dass man glauben könnte, Free Solo sei unter Kletterern gang und gäbe. Doch das täuscht. Das Klettern ohne jede Form von Absicherung, ohne kleinste Sicherheitsreserve, ist schlicht und einfach zu kompromisslos, als dass es jemals zum Kletteralltag gehören würde.

Trotzdem genießt es in der Öffentlichkeit eine unglaubliche Beachtung, sei es unter Kletterern oder unter Normalsterblichen. Die Regeln sind einfach zu verstehen: Klettere nach oben, und wenn du dich dabei nicht mehr am Fels festhalten kannst, dann lebst du nicht mehr lange. Viele Kletterer haben im Traum schon erlebt, dass die Kraft nachlässt, die Hände von den Griffen gleiten, der Körper die Reise nach unten antritt. Die lähmende Angst, der lautlose Fall. Ein Albtraum.

Alleingänge gibt es schon, seit es das Bergsteigen gibt. Es ist gewissermaßen sogar als natürlich anzusehen, dass in den frühen Zeiten des Alpinismus die Bergsteiger praktisch ungesichert im Fels unterwegs waren. So gesehen wurde das Free-Solo-Klettern nicht zu einem bestimmten Zeitpunkt erfunden oder geboren, sondern es war immer schon grundlegnder Bestandteil des Bergsteigens. Das Free-Solo-Klettern in seiner heutigen Ausprägung ist allerdings erst in den Siebzigerjahren definiert worden, und zwar nirgendwo anders als im Mekka des Klettersports, im kalifornischen Yosemite Valley.

John Bachar kann dabei als »Erfinder« des Begriffes Free Solo angesehen werden. Er war es, der die Kriterien definierte. Seit dieser Zeit heißt free solo: allein. Ohne Sicherung. Nur Kletterschuhe, Magnesia

John Bachar – die Kletterlegende schlechthin.

Ein echter Ausflug der legendären Stone Masters: Rick Cashner und John Bachar cruisen gemeinsam durch »Reed's Direct« (VI+/5.10a), Yosemite, Kalifornien.

und sonst nichts. Kompromisslos. Kein Klettergurt, kein Karabiner, kein Seil am Rücken, einfach nichts … Mehr als irgendjemand sonst hat John Bachar das Idealbild des Free Solo geformt. Mit ihm bekam der Begriff ein klares Bild, eine Definition, die seitdem unmissverständlich und eindeutig ist.

Der Kalifornier definierte aber nicht nur den Begriff, sondern er verlieh dem Free Solo mit seinen außergewöhnlichen Begehungen auch ein Gesicht. Den Ruf des Free-Solo-Kletterers schlechthin erwarb sich John Anfang der Achtzigerjahre durch seilfreie Alleingänge im Yosemite. Tatsächlich war es John Bachar, der den Ohne-alles-Kletterstil in Europa bekannt machte. Er war eine echte Kletterlegende, ein Visionär der Senkrechten und vielleicht tatsächlich der bedeutendste Kletterer seiner Zeit. Das außergewöhnliche Talent mag der eine Grund dafür sein, was ihn aber von anderen Größen seiner Ära abhebt, ist die Stilreinheit seiner Begehungen und der hohe ethische Standard, dem er sich unterwarf.

Bachars Alleingänge erregten in den Siebzigerjahren die Aufmerksamkeit der Kletterwelt, sie waren weit mehr als nur adrenalingeladene Eskapaden oder angstgetriebene Aussetzer. Nach Bachars eigenen Worten waren seine Grenzgänge für ihn selbst das Perfekte schlechthin: »[…] something that was beyond reprieve or doubt – the ultimate statement!«

John Bachar begann mit 14 Jahren zu klettern, und das eigentlich völlig normal. Immer wieder war er mit Freunden in den verschiedenen Gebieten um Los Angeles unterwegs und spürte anfangs nichts von diesem außergewöhnlichen Talent, das in ihm steckte. Nach seinem Schulabschluss kam der Wendepunkt in seinem

Bekannt für seine grenzwertigen Free-Solo-Auftritte: John »Yabo« Yablonski.

Ein wahres Testpiece seiner Zeit: Yabo ohne Seil in »Leave it to Beaver« (VIII+/5.12a), Joshua Tree, Kalifornien.

Leben. Er verbrachte den Sommer im Yosemite, kletterte mit »New Dimensions« seinen ersten Achter, und als er im Herbst mit dem Studium begann, spürte er, dass sein Weg ein anderer war. »Ich wusste, dass ich es wollte, aber ich dachte, dass ich es einfach nicht bringen kann, das Studium zu schmeißen und einfach klettern zu gehen. Einfach, weil das verrückt wäre. Tief in meiner Seele aber kam ein Lächeln hoch, und von diesem Moment an verschrieb ich mich voll und ganz dem Klettern.«
In den nächsten Jahren lebte John Bachar für das Klettern, brachte sich mit irgendwelchen Jobs durch und tingelte zwischen Yosemite, Joshua Tree und anderen Klettergebieten hin und her.

Der Schritt zum Free-Solo-Klettern kam überraschend und war nicht einmal von ihm selbst initiiert. John Long, wie Bachar einer der legendären Stone Masters und fester Bestandteil der kalifornischen Kletterszene, musste ihn eher schon dazu überreden: »Hey Bachar, man! Let's go do ›Double Cross‹!« Bachars Auto stand in der anderen Richtung, und als er in diese Richtung gehen wollte, um das Seil zu holen, stoppte ihn Long mit den Worten: »Wo willst du hin? Wir klettern das Ding ohne Seil! Du bist es doch schon hundertmal geklettert, und wie oft bist du gestürzt?« Bachar antwortete: »Never!« Und Long sagte: »Then, let's go!«

Schnell hatte John Bachar Mitstreiter gefunden, und es heißt, dass in diesem Kreis er selbst als der Beste, Rick Cashner als der Fleißigste und John »Yabo« Yablonski als der Verrückteste galt. Anders als Bachar war Yabo bei seinen Solos oft genug alles andere als souverän unterwegs. Das war allerdings nicht ungewollt, sondern offensichtlich Prinzip. Yabos grenzwertige Free-Solo-Ausritte wurden zum Thema vieler Diskussionen, und

Nomen est omen ... Wie eine Spinne klebt Yabo in der überhängenden Verschneidung der »Spider Line« (VIII/5.11d), Joshua Tree, Kalifornien.

viele sahen sich darin bestätigt, dass das Glück immer auf der Seite der Wilden steht. Yabo war ein sehr labiler Mensch, der vieles durch haarsträubende Aktionen, bei denen er Kopf und Kragen riskierte, kompensierte. Er kletterte auch an seiner Leistungsgrenze free solo, hakte eine Unmenge von Routen ab und das zu den unmöglichsten Zeiten. Er war im wahrsten Sinn des Wortes »insane« unterwegs, überlebte aber irgendwie doch immer seine noch so wilden Eskapaden.

John Bachar hatte mit der Zeit einen ebenso interessanten wie riskanten Kult entwickelt: Routen in Serie free solo zu klettern. Und das durchaus in die hohen Schwierigkeiten hinein, bis hinauf zum neunten Grad. In Joshua Tree fand er dazu das ideale Terrain, jede Menge Routen auf engem Raum, wo sich die vertikalen Athleten spielen konnten. Die Spielvarianten hießen Half-Dome-Tag oder El-Capitan-Tag, je nachdem ob 20 oder 30 Routen auf dem Plan standen. Als Abschluss begingen Bachar und Yabo gern – gewissermaßen als Highlights – Routen wie »Spider Line« (VIII/5.11d), »Leave it to Beaver« (VIII+/5.12a) oder »Baby Apes« (IX–/5.12c), Routen also, die gerade für Yabo nahe an der Leistungsgrenze waren und die zusätzlich bereits ein gutes Stück weit in der »Sargzone« zu finden sind. Dass diese wilden Spiele früher oder später durchaus ernst werden konnten, lag auf der Hand. Es war John Long, der nach einem Semester an der Universität nach Joshua Tree pilgerte. Selbst nicht gerade in bester Form, traf er auf einen gestählten John Bachar.

John Long

John Long
DIE REINE BLASPHEMIE

Wenn du in Kalifornien schneller fährst als 140, stecken dich die Bullen in den Knast, weshalb ich versuchte, die Tachonadel bei 130 zu halten. Tobin fuhr immer 160 – bis sein Datsun draußen bei Running Springs explodierte und in Flammen aufging. Tobin war ein Ausnahmekünstler und lebendig auf eine Art, wie wir anderen es nicht waren. Aber Tobin schien wenig Zeit zu haben. Er lebte und kletterte wie einer, dem nur noch einige Tage – oder vielleicht auch nur wenige Minuten – blieben, bis der Vorhang fallen würde. Niemand wunderte sich, als Tobin bei dem Versuch starb, die Nordwand des Mount Alberta solo zu begehen – im Winter.

Ich raste weiter dem Joshua Tree Natural Monument entgegen, wo zwei Wochen zuvor ein anderer Kumpel beim Soloklettern auf den Boden geknallt war. Ich hatte den Einstieg unter der Route inspiziert und beim Anblick der roten Blutflecken und verkrusteten Haarbüschel das Gesicht verzogen. Soloklettern ist gnadenlos, aber dennoch okay, dachte ich. Man muss nur realistisch bleiben und sich nie von den anderen oder dem eigenen Ego unter Druck setzen lassen. Also Klettern voll im Einklang mit dir selbst und so weiter. Mit mittlerweile 150 dauerte es nicht lang nach Joshua Tree, aber die kalte Nacht zog sich hin.

Die Morgensonne stieg über den flachen Horizont und vergoldete die auf dem Wüstenteppich verstreuten Felsen. Die größten Blöcke sind nicht höher als 45 Meter. Gleich nach dem Frühstück lief mir John Bachar über den Weg, der damals allgemein als bester Freikletterer der Welt galt. Mehrere Jahre lang war er auf der Jagd nach der Sonne und den härtesten Routen der Welt unterwegs gewesen, meist mit seinem alten VW-Bus. Die allermeisten Routen waren für Bachar leicht, so musste er eben selbst für Schwierigkeiten sorgen. Er tat dies vorzugsweise durch den Verzicht auf das Seil. Bachar hatte damals einige Monate in Joshua Tree verbracht, und alle Welt wunderte sich über seine Solos.

Es war Winter, weshalb ich wegen meines Collegestudiums nur an den Wochenenden klettern konnte. So fehlte es mir zwar nicht an Motivation, wohl aber an Fitness. Bachar schlug mir sofort einen Half-Dome-Tag vor. Der Half Dome im Yosemite ist 600 Meter hoch, das sind etwa 20 Seillängen. Wir würden also 20 Seillängen oder 20 Routen klettern müssen, um unseren Half-Dome-Tag abzuarbeiten. Bachar schnürte die Kletterschuhe und band sich die Schlinge seines Chalkbags um. »Fertig?« Erst jetzt verstand ich, dass er vorhatte, die gesamten 600 Meter ohne Seil, im Alleingang, zu klettern. Um das Gesicht nicht zu verlieren, stimmte ich zu und dachte im Geheimen: »Nun, wenn er etwas allzu Verrücktes vorschlägt, dann ziehe ich einfach einen Strich.« Schließlich war sowieso ich der Erste gewesen, der draußen in Josh mit dem Soloklettern begonnen hatte ...

Wir legten in senkrechtem Fels los, stopften die Zehen in feine Risse und verklemmten die Hände, pressten die Spitzen unserer hautengen Schuhe gegen winzige Wärzchen und Runzeln, kraftmeierten an verschwenderischen Griffen über Dächer, drückten die Handflächen gegen den rauen Fels – und staunten darüber wie die Kinder. Wenn eine Halbzentimeterleiste unter Belastung leicht nachfederte, meldete sich eine neugierige kleine Stimme und fragte nach der Sicherheit. Wenn du gut drauf bist, stellst du deine Finger auf einer solchen Leiste auf oder drückst sie mit der Fußspitze gegen den Fels. Und ich war gut drauf! Nach drei Stunden hatten wir ein Dutzend Seillängen abgehakt und fühlten uns unbezwingbar. Wir legten die Latte höher, auf ein hartes 5.10er-Level – die Schwelle zum wirklich schweren Klettern. Wir verlangsamten unser Tempo,

*John Bachar in »O'Kelley's Crack« (VII–/5.10c),
Joshua Tree, Kalifornien.*

waren aber am frühen Nachmittag die 20 Seillängen geklettert: Der Half-Dome-Tag war Geschichte. Als Finale schlug Bachar die Solobegehung einer 5.11er-Route vor – sogar für Bachar eine anspruchsvolle Zugabe. Denn im Schwierigkeitsgrad 5.11 bewegten wir uns damals gerade eine Stufe unter dem technischen Limit. Ich war schon total fertig von den 20 Touren, die wir in vier oder fünf Stunden hinaufgerast waren. Dass ich das letzte Dutzend überhaupt geschafft hatte, war vor allem unserem Schwung und Rhythmus zu verdanken gewesen. Dennoch folgte ich Bachar hinüber zum Intersection Rock, dem Treffpunkt der lokalen Kletterszene und Schauplatz von Bachars abschließendem Alleingang.

Bachar verschwendete weder Zeit noch Worte. Dutzende Kletterer, die am Fels herumlungerten, erstarrten, als er einstieg. Er kletterte mit einer makellosen Präzision, schob seine Finger in seichte Grifflöcher in der 105 Grad steilen Wand. Eine Bewegung floss in die nächste, so passgenau wie die Teile eines Puzzles. Ich beobachtete ihn aufmerksam und merkte mir die ausgeklügelten Sequenzen. Nach rund neun Metern legte er eine Pause ein, direkt unter dem Wulst, der die Schlüsselstelle bildete. Er spreizte mit dem linken Fuß hinüber auf eine abschüssige Leiste, fasste eine filigrane Quarzrippe, die senkrecht in die Wand eingelagert war, als Zangengriff und zog durch zu einem riesigen Henkel. Dann wanderte er die verbleibenden 30 Meter hinauf, als sei nichts dabei. Wenige Sekunden später spähte er über die Abbruchkante herab, gab ein hinterhältiges, gemeines Kichern von sich und wartete auf meine Antwort.

Magnesiabestäubt stand ich mit geschnürten Kletterschuhen da, vor einer berüchtigten Route, die im Jahr 1974 selbst mit Seil kaum jemand klettern konnte. 50 hungrige Augen ruhten auf mir, als wollten sie sagen: »Nun?« Die kleine Stimme sagte: »Kein Problem«, und ich glaubte ihr. Ich holte ein paar Mal tief Luft, als wollte ich mich dessen vergewissern. Ich dachte nicht an die Folgen, nur an die Moves. Ich stieg ein.

Eine Körperlänge mit einfachem Zeug, dann diese seichten Löcher. Die Finger tasten sie sorgfältig ab, ehe ich entschlossen drüberziehe. Das erste Stück ist schnell vorbei, und alles läuft glatt – zwar fordernd, aber recht kontrolliert. Ohne es zu merken, bin ich in eine knochenbrechende Höhe emporgeschwebt. Dann, gerade als ich mit dem Fuß zu der abschüssigen Leiste hinüberspreize, läuft es mir eiskalt über den Rücken. In meiner Hast habe ich die Bewegungssequenz verbockt und hänge mit überkreuzten Händen viel zu tief am entscheidenden winzigen Zangengriff. Während ich mich mit schwindender Kraft festklammere, beginnt mein Fuß zu zittern. Panisch schießt mir die Frage durch den Kopf, ob und wann mein Körper erstarren und stürzen wird. Ich habe nicht den Hauch einer Chance, auch nur einen Zug zurückzusteigen. Meine einzige Rettung ist die Flucht nach oben. Eine Welle finsterer Fantasien überflutet mein Gehirn.

Ich schaue zwischen meinen Beinen hinunter. Der Magen zieht sich zusammen beim Gedanken an den freien Fall auf die Blöcke, beim Gedanken an jene Kletterer, die das Gesicht verziehen werden beim Anblick der roten Flecken und der Haarbüschel. Sie würden hinaufdeuten und sagen: »Yeah, von ganz da oben ist er abgetropft.«

Jetzt brüllt diese kleine Stimme: »Tu was, aber schnell!« Mein Atem geht keuchend, und meine von den 600 Metern total kaputten Arme fühlen sich an wie Beton. Ich nehme die kleine Quarzrippe als Zangengriff, trete mit den Füßen auf Reibung an, fahre meinen Arm aus und suche Halt in dem

*John Long kämpft am Kong Boulder,
Joshua Tree, Kalifornien.*

beginnenden Riss über mir. Aber ich habe die Zange viel zu tief erwischt, und der Teil des nach unten auslaufenden Risses, den ich erreichen kann, ist zu seicht, ich kann gerade mal ein Drittel meiner Hand darin versenken. Ich sitze in der Klemme, bin verzweifelt. Mein ganzes Leben hängt jetzt von diesem einen Kletterzug ab.

Voller Scham erkenne ich die Blasphemie – die einzig echte Lästerung des Heiligen: sein Leben mit vollem Bewusstsein aufs Spiel zu setzen. Genau das habe ich getan und könnte kotzen. Ich weiß, dass diese verschwendeten Sekunden …

Dann wird alles ganz langsam, als ob die Überlebensinstinkte in meinem Geist den Turbo aktiviert hätten. Schlagartig regt sich der übermächtige Wunsch, zu leben und nicht zu sterben. Meine Reue wird nichts an meiner Lage ändern: Arme zugelaufen, Beine zitternd, Kopf in Flammen. Dann verzehrt sich die brennende Angst und hinterlässt eine tödliche Leere. Sich fügen, aufgeben, wäre jetzt leicht. Die kleine Stimme sagt aber ganz ruhig: »Wenn schon abtreten, dann wenigstens kämpfend.« Ich höre das und quetsche meine Hand in den seichten Riss. Wenn es mir nur gelingt, diesen unwahrscheinlichen Zug auszuführen, kann ich meine Hand in dem hinterschnittenen Henkel versenken und an ihm im Tarzanstil vor der senkrechten Schlusskante ausruhen. Ich traue mich fast nicht, meine verdrehte Hand anzuschauen, die in dem seichten Riss kaum Halt findet. Sie muss meine über neunzig Kilo halten, an einer überhängenden Wand mit spärlichen Tritten – das ist ein schlechter Witz, unmöglich.

Mein Körper hat jetzt fast eine Minute hier herumgemacht, eine Ewigkeit. Meine verklemmte Hand sagt »Vergiss es!«, aber die kleine Stimme sagt: »Versuchen kannst du es ja.« Langsam ziehe ich mich hoch – mein linker Fuß klebt noch immer an jener abschüssigen Leiste –, und der große Henkelgriff kommt Zentimeter um Zentimeter näher. Beinahe … Jetzt hab ich ihn. Im selben Augenblick schießt meine rechte Hand aus dem Riss, mit voller Wucht belastet mein Gewicht den geschwächten linken Arm. Das Adrenalin treibt mich hoch in die Wand über dem »Gott-sei-Dank-Griff«, wo ich meinen Brustkasten an die Wand presse und versuche, das Gewicht über die Füße zu bringen. Aber es ist einfach zu steil, um sich hier richtig zu erholen, weshalb ich weiter drauflossteige, unkontrolliert zitternd und mit tanzenden schwarzen Flecken vor den Augen. Ich bin froh, dass das Gelände, obwohl senkrecht, im Vergleich zu unten harmlos ist. Dennoch brauche ich eine Ewigkeit, bis ich die letzten 30 Meter hinaufgekrallt bin und den höchsten Punkt erreicht habe.

»Sah etwas wackelig aus«, lachte Bachar und gab wieder sein gemeines Kichern von sich. Ich hätte es ihm von der Fresse schlagen können.

In jener Nacht fuhr ich in die Stadt und holte mir eine Flasche. Am nächsten Tag, während Bachar sich einen El-Cap-Tag gönnte (900 Meter, solo natürlich), wanderte ich durch dunkle Wüstenschluchten, suchte nach Schildkröten, bastelte Girlanden aus wilden Blumen, starrte hinauf in den riesigen Himmel – und tat all das, was einer tut, dem noch ein Stück Lebenszeit geborgt wurde.

John Bachars zweite Passion war die Musik und sein Saxofon.

In seiner Hoch-Zeit galt Bachar allgemein als der beste Kletterer der Welt und logischerweise auch als der unbestrittene Meister des Free-Solo-Kletterns. Dabei war er beileibe nicht der Erste, der im Yosemite kompromisslos free solo kletterte. Henry Barber setzte bereits 1972 ein Zeichen der Zeit, indem er die 400 Meter hohe »Steck/Salathé« (VI+/5.10b) free solo kletterte – einfach so, ohne die Route zu kennen, ohne irgendetwas dabeizuhaben. Nach dieser Aktion rutschte der Besucher aus New Hampshire in der Beliebtheitsskala der Yosemite-Locals ins Bodenlose ab. »Hot Henry« war den etablierten Größen der Valley-Szene wohl ein wenig zu feurig, denn das, was dieser »einfach so« kletterte, war den meisten selbst mit Seil zu schwierig.

Auch das Free-Solo-Klettern am Cookie Cliff hatte John Bachar nicht erfunden. Da war 1973 schon Earl Wiggins unterwegs, und die von ihm seilfrei gekletterte »Outer Limits« (VII–/5.10b) war damals noch eine wirklich schwierige Route. Der berühmte Zwei-Seillängen-Klassiker beginnt mit einem wunderschönen Handriss und endet in einem ausgesetzten Hangelquergang an einem abschüssigen Fingerriss. Und schon ging das Gerede los: »That's crazy. The guy's a nutball!«

Massives Kopfschütteln löste jedoch erst John Bachar aus. Grund dafür waren einige bahnbrechende Alleingänge, für die er unter den Kletterern nicht nur Bewunderung erntete. Den ersten Schock erzeugte er 1976, als er als 19-Jähriger den Valley-Klassiker »New Dimensions« (VII+/5.11a) free solo kletterte. Das war genau die Art von Performance, die einen Sport nachhaltig verändert. Von diesem Moment an war es nicht mehr die ultimative Erfahrung, eine extreme Route frei zu klettern. Die Grenzerfahrung gab es ab jetzt nur noch in der archaischen Auseinandersetzung mit der Senkrechten. Alles wurde auf Festhalten reduziert. Keine Fehler, denn: »If you fall, you die!« Für die damalige Zeit war Bachars Free Solo absolut futuristisch, doch es war erst die Initiation für weitere Solobegehungen, die immer extremer wurden.

Für die damalige Zeit war John Bachars Begehung der »Nabisco Wall« (VIII–/5.11c) absolut futuristisch.

John Bachar
WARTEN AUF SCHATTEN

Es war ein heißer Sommernachmittag im Valley, und ich wartete in einer Hängematte im Camp 4, dass der Cookie Cliff langsam in den Schatten kam. Ich versuchte mich zu entspannen. Tief in mir drin war ich eigentlich davon überzeugt, dass ich mit der Route, die ich klettern wollte, keine Probleme haben würde, und das, obwohl ich dabei entlang einer Linie zwischen Leben und Tod balancieren würde, die noch dünner war als das, was nur wenige jemals zuvor versucht hatten. Aber ich muss zugeben, dass ich tatsächlich doch irgendwie Zweifel hatte. Würde ich auch nur einen kleinen Fehler machen, wäre mein Name am nächsten Tag in der Zeitung zu lesen. Das wär's dann gewesen …

Nachdem ich schon einige 5.10er im Yosemite free solo auf meiner Liste hatte, wurde ich langsam mit den Eigenheiten des Valley-Granits vertraut. Ich hatte schon Dutzende 5.11er in Joshua Tree free solo abgehakt, im Valley aber nur einen: »New Dimensions« (VII+/5.11a). Mein Fokus war jetzt auf die »Nabisco Wall« gerichtet, eine fast 100 Meter hohe Kombination aus drei aufeinanderfolgenden Routen: »Waverly Wafer« (VII/5.10c), »Butterballs« (VIII–/5.11c) und »Butterfingers« (VII+/5.11a). Wie schon bei der Free-Solo-Begehung von »New Dimensions« kannte ich die Route bis ins kleinste Detail, unzählige Male waren Ron Kauk und ich diese Meter zum Training geklettert. Und irgendwann schlich sich die lächerliche Idee in meinen Kopf ein, dass ich »Butterballs« free solo klettern wollte. Und wenn schon »Butterballs«, dann gleich die ganze »Nabisco Wall«.

Langsam fiel der Schatten über das Camp 4, was bedeutete, dass auch der Cookie Cliff für die restlichen Stunden des Tages Schatten bekam. Ich hatte zwei Freunden – Mark Chapman und Rick Accomazzo – von meinen Plänen

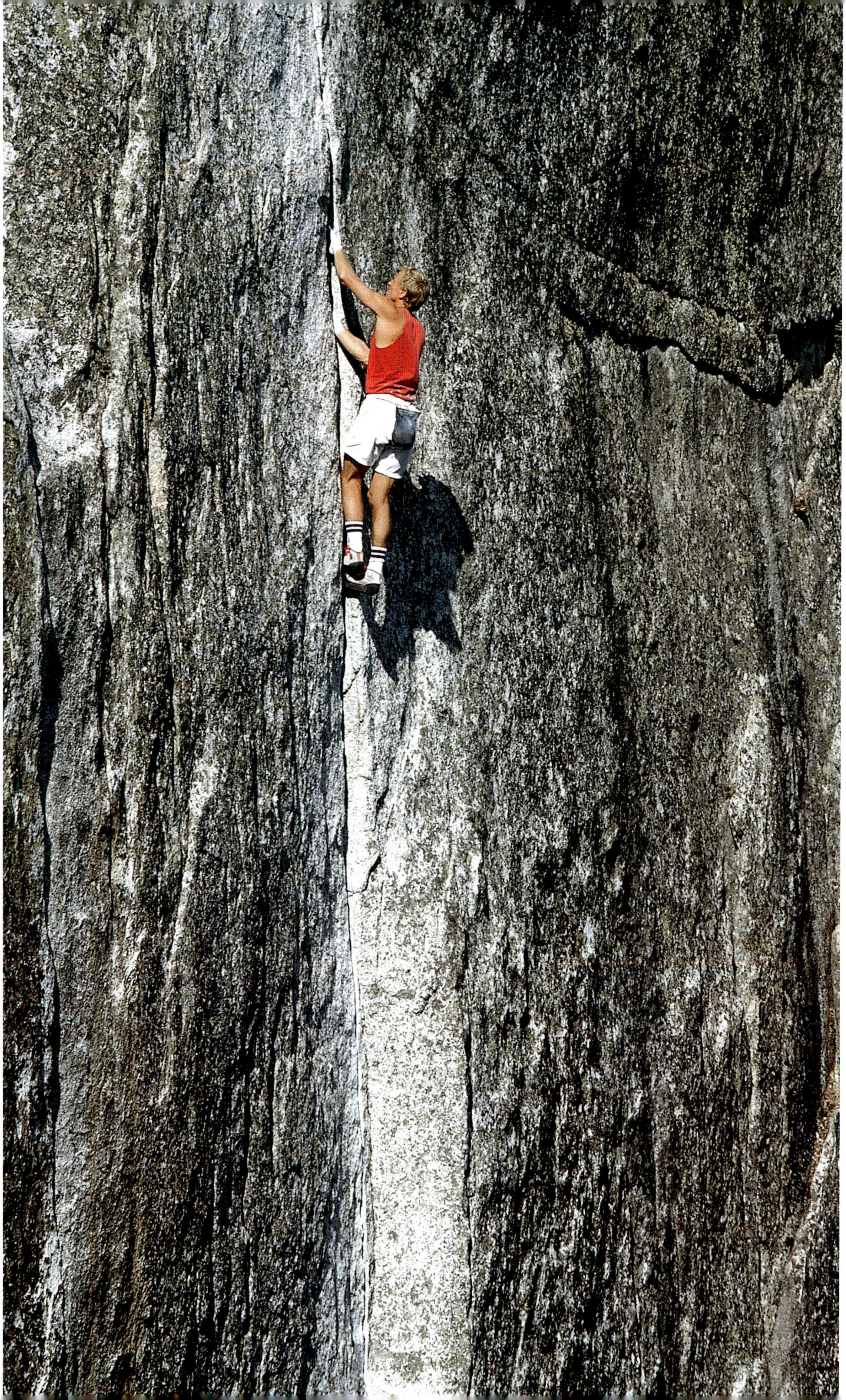

Risse wie der Klassiker »Catchy Corner« (VIII–/5.11a) gehörten bei John Bachar zum alltäglichen Normalprogramm.

erzählt und sie gefragt, ob sie nicht ein paar Fotos machen könnten. Sie würden sich, an einem Seil hängend, links der »Butterballs« positionieren und hoffentlich ein paar sensationelle Fotos für meine Sammlung machen. Ein Bild ist tausend Worte wert, für mich bedeutete ein Free-Solo-Bild aber zumindest 1001 Worte!

Wir kamen am Cookie Cliff an, und ich war schon in diesem anderen Zustand. Meine Wahrnehmung war verschoben, mein Geist besetzt, ich konnte den anderen nicht ins Gesicht schauen, konnte mit keinem sprechen. Volle Konzentration!

Ziemlich nervös beginne ich mir meine Kletterschuhe anzuziehen, versuche dann aber vom Gas runterzukommen, um diesen Zustand der Ruhe zu erreichen, den man vor einem Free Solo braucht. Ich starte langsam und bedacht in den »Waverly Wafer« hinein, und nach gut zehn Metern bin ich drin in dieser magischen Zone … Das Klettern fällt mir leichter und leichter, leichter, als ich es erwartet hätte. Und es dauert nicht lange, da liegt der »Wafer« auch schon hinter mir. Ich stehe auf dem Band und starre den perfekten Fingerriss der »Butterballs« hinauf. Mark und Rick hängen wortlos in Position. Ich sitze auf dem Band, starre mit dem Rücken zur Wand in das Valley hinaus und versuche mich auf mich zu konzentrieren.

Ich stehe auf, ziehe das T-Shirt aus, werfe es die Wand hinunter. Dann drehe ich mich um, atme noch einmal tief durch, nehme den ersten Fingerklemmer und ziehe los … Jetzt bin ich voll fokussiert, in einem Maße, das ich selbst nicht für möglich gehalten hätte. 30 Meter über dem Boden »Butterballs« ohne Seil klettern ist wie auf dem Mond spazieren gehen! No Man's Land! Ich presse meine Finger in jeden Klemmer hinein, als ginge es bei jedem einzelnen um

alles. Und ich setze meine Kletterschuhe mit einer Präzision wie ein Chirurg sein Skalpell. Das ist es! Ruhig und voll fokussiert mache ich mich langsam, aber stetig auf den Weg nach oben. Wie ein Traum ziehen auch diese 20 Meter Riss inmitten des spiegelglatten Granits an mir vorbei, und ich komme zur Abschlusssequenz – der Crux, die schon so viele abschüttelte. Ohne Stocken versenke ich meine Finger in die letzten Klemmstellen, ziehe durch und stehe vor der dritten Aufgabe, den »Butterfingers«.

Die »Butterfingers« sind im Prinzip einfacher als die »Balls«, haben aber andererseits den härteren Einzelzug – ein unsicherer, weiter Zug vom Band weg, hinauf bis zum ersten Klemmer des abschließenden Handrisses. Ich lasse mir ein wenig Zeit, um noch einmal zur Ruhe zu kommen. Die letzte Hürde, die Crux des Ganzen. Mit gebündelter Energie klettere ich in sie hinein. Mit einer Energie, die nur freigesetzt wird, wenn du mit dem Tod konfrontiert bist, tanze ich durch sie hindurch, hänge im ersten Handklemmer der abschließenden Headwall. Jetzt bin ich frei, relaxe ein wenig, genieße den Moment. Das ist, was wir im Valley »hero climbing« nennen: 80 Meter über Grund einen bombensicheren Handriss inmitten einer supersenkrechten und ansonsten völlig strukturlosen Granitwand hinaufzucruisen. Ich bin elektrisiert!

Oben angekommen, bin ich fast wie betäubt von dem, was ich gerade gemacht habe. Ein idiotischer Blödsinn oder, im positiven Sinn, ein kalkulierter Wahnsinn? Ich weiß es bis heute nicht! Ich schaue ins Valley hinaus und frage mich, was als Nächstes kommt. Die Reise, die mich an Orte bringt, von denen bisher niemand auch nur träumte, hatte sich gerade intensiviert. Und ich wurde dabei für immer verändert, wurde zu jemandem, der nicht mehr der Gleiche war wie vor der Reise.

John Bachar in »The Gift« (IX/5.12c/d), Red Rocks, Kalifornien.

Diese 80 Meter der »Nabisco Wall« mit dem berühmten Fingerriss »Butterballs« (VIII–/5.11c) als Herzstück sind ein Meilenstein in der Klettergeschichte. Diffizil, delikat zu klettern, extrem ausgesetzt und zweifelsfrei in der von John Bachar so definierten »Sargzone«. Damals, 1979, genauso wie heute grenzwertig. »Die Leute glaubten, ich sei jetzt völlig abgedreht.« Noch mehr, weil Bachar zu dieser Zeit begann, seine tägliche Ration Free Solo abzuspulen. Immer und immer wieder. Je nach Lust und Laune mal mehr, mal weniger Routen. Aber immer auf die harte Tour. Allein. Ohne Sicherung. Nur Kletterschuhe, Magnesia und sonst nichts. Es war klar, dass diese Enchaînements eines John Bachar jenseits von dem waren, was sich ein normaler Mensch vorstellen konnte und wollte. Aus diesem Grund löste er auf breiter Ebene nicht nur Verehrung, sondern in noch viel größerem Maße ein verständnisloses Kopfschütteln aus. Aber vielleicht war es ja genau das Kopfschütteln, das ihm über die Zeit fast schon Kultstatus verlieh.

Prinzipiell war John Bachar immer von seiner Kletterkunst überzeugt und führt sie auch auf das hohe Level der Fokussiertheit zurück. »Es ist erstaunlich, wie viel Energie, Kraft und Selbstvertrauen in dir erwacht, wenn diese Angst vor dem Tod in dir so unmittelbar wird. Da schaltest du plötzlich in einen anderen Gang und springst in die ultra-turbogeladene Gemütsverfassung! Nichts kann dich dann stoppen. Nichts kann schiefgehen, denn du hast alles unter Kontrolle.« Dass das letztlich doch nur ein Gedankengebäude ist, das man in sich aufbaut, musste auch John Bachar schmerzlich erfahren. Pete Livesey und Trevor Jones, zwei Briten, waren 1975 mit dem »Moratorium« (VIII–/5.11b) eine der schwierigsten Routen im Valley erstmals frei geklettert. Der ungekrönte King des Yosemite nahm nun diese Route ins Visier. Mit der fatalen Fehleinschätzung, dass die Briten im Klettern weit hinterherhinken würden, sagte er sich, dass das, was diese Jungs hinterlassen hatten, nicht wirklich schwierig sein konnte. Also ging er es folgerichtig mit der ihm gewohnten Souveränität an. In diesem Fall: free solo und onsight. Wenn schon, denn schon.

Ohne Vorwissen stieg er ein, und die ersten Seillängen bestätigten genau das, was er erwartete. Schöne Kletterei, aber nichts, was den King wirklich forderte. Nichts, was er auch nur annähernd als schwierig einstufen würde. Dann aber kam der unscheinbare Hammer. Die nach rechts offene Verschneidung setzte sich fort, alles andere als steil, aber mit einem Mal verschmälerte sich der Riss, bis nur noch die Fingerkuppen Platz fanden und auf kurze Distanz nicht einmal noch die. Erbarmungslos glatter Granit, reines Stemmen an nicht vorhandenen Griffen und Tritten. Bachar, zuerst noch allzu souverän, stolperte in die Falle hinein, war mit einem Mal am Anschlag, konnte aber nicht mehr zurück. Für einen kurzen Moment geriet alles außer Kontrolle. Verzweiflung. Ein Zustand im Vakuum der Zeit. Die Schuhe rutschten, es ging dahin, aber er bekam ihn doch noch: den Fingerklemmer am wieder beginnenden Riss im Verschneidungsgrund. In der Retrospektive sah John Bachar diese Aktion mit großer Skepsis. Für nur kurze Zeit entglitt ihm damals die Kontrolle und damit auch das gute Gefühl, das sonst von so einem Tag übrig bleibt. Abschrecken ließ er sich von einer solchen Erfahrung allerdings nicht. Er lebte seinen kompromisslosen Kletterstil weiter.

Am 5. Juli 2009 stürzte John Bachar bei einer Free-Solo-Begehung an der Dike Wall im kalifornischen Mammoth Lakes tödlich ab. Mit ihm starb die große Ikone des Free-Solo-Kletterns.

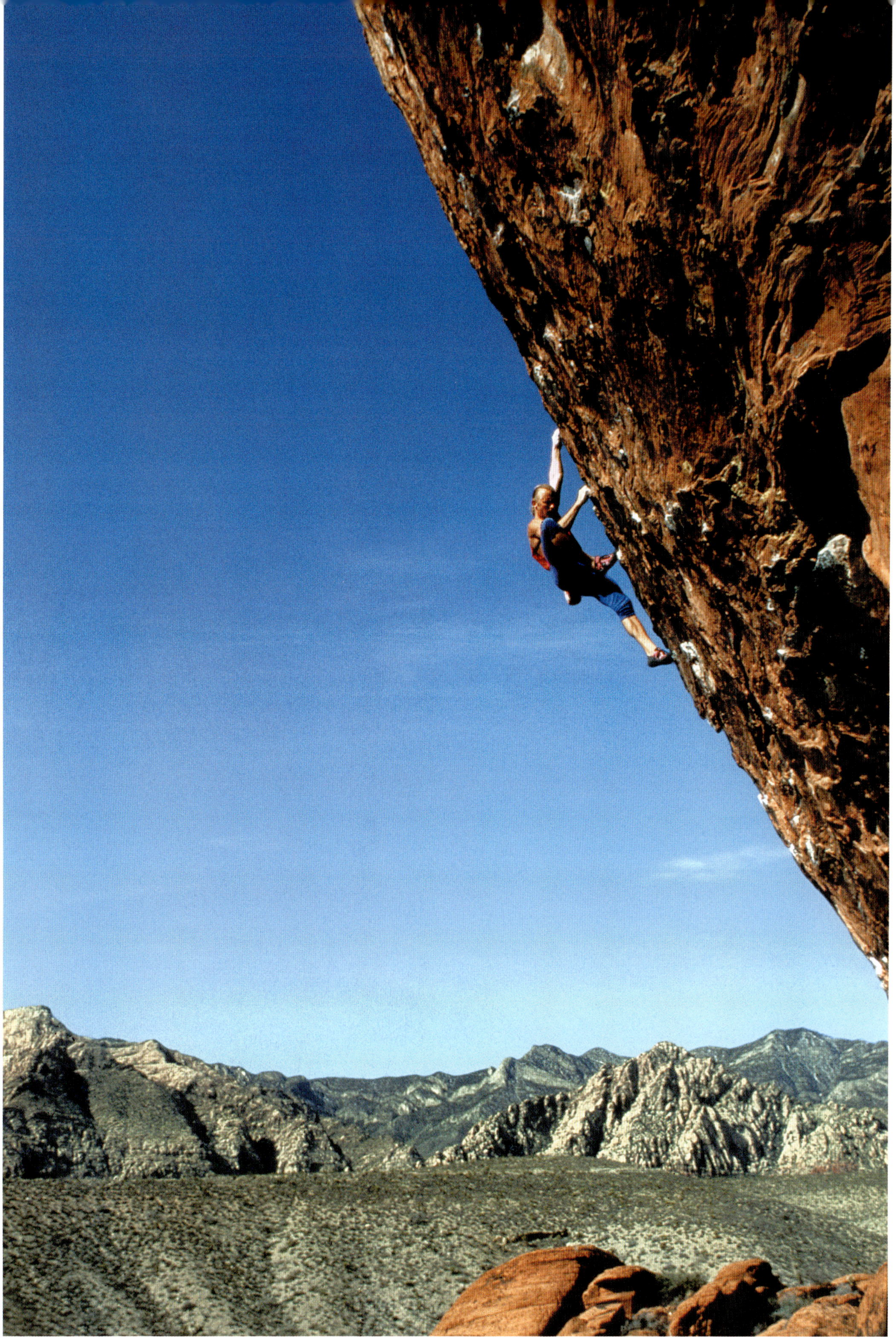

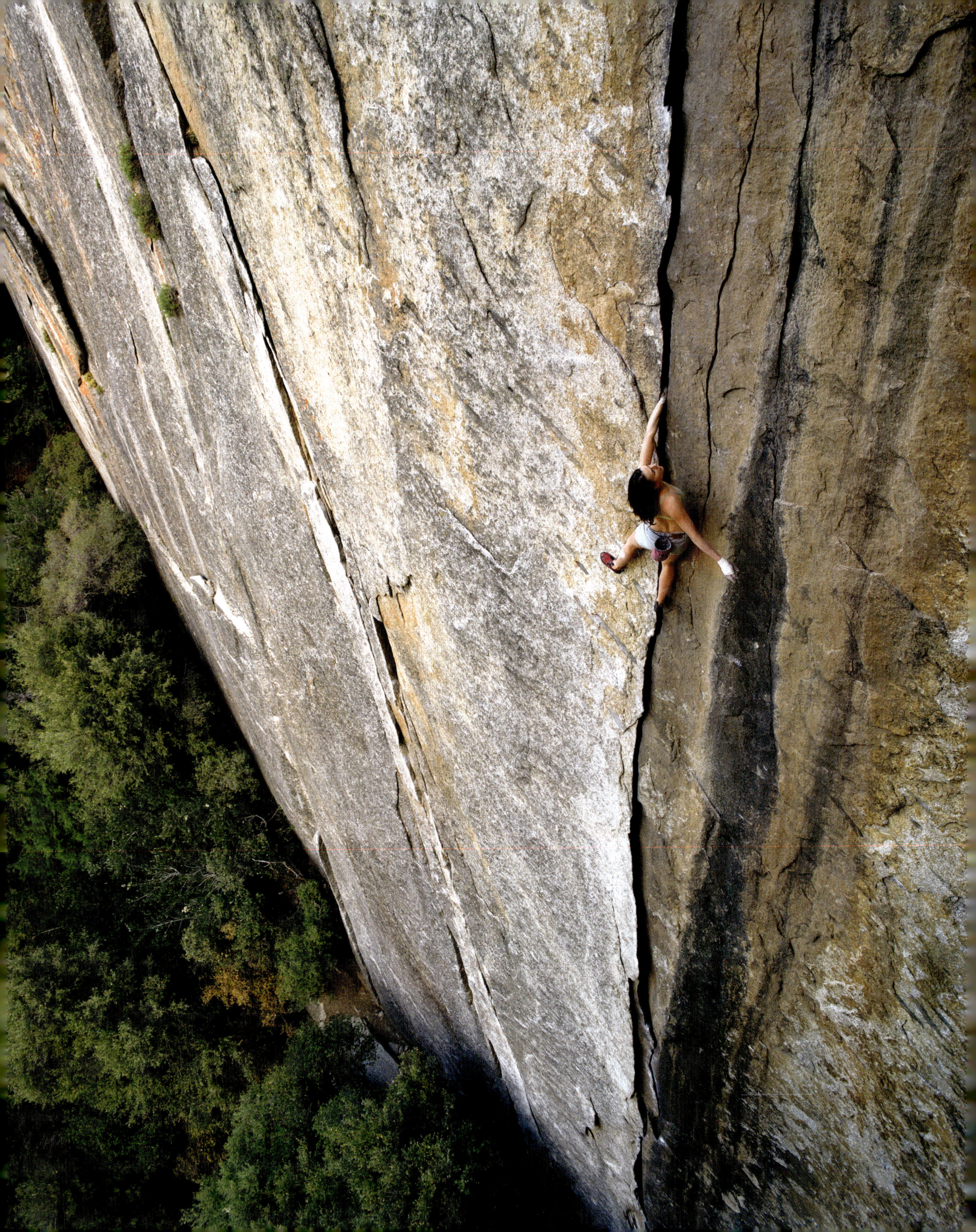

Als eine der wenigen Frauen überhaupt ist die Amerikanerin Steph Davis im Free-Solo-Klettern aktiv. Hier klettert sie »Outer Limits« (VII–/5.10b), einen der großen Yosemite-Klassiker, mit dessen Free-Solo-Begehung 1973 der damals blutjunge Earl Wiggins die Locals schockierte.

Die grossen Wände kommen

John Bachar war unbestritten der Free-Solo-Pionier schlechthin. Er hatte Free Solo nicht erfunden, doch er hatte diesem Begehungsstil einen Namen gegeben und ihm ein Gesicht verliehen. Free Solo war ab diesem Zeitpunkt kein Zufall mehr, sondern wurde zur bewusst gewählten Option. Im Windschatten dieser Pionierarbeit begann sich die nächste Generation zu formieren.

Bachar war bei seinen Free-Solo-Aktionen vorzugsweise in kurzen Routen über eine Seillänge unterwegs. Schwierige Mehrseillängenrouten wie die »Moratorium« waren da eher schon die Ausnahme, keinesfalls aber Prinzip. Anders seine direkten Nachfolger, die jetzt begannen, vor allem die langen Routen anzugehen. Das erste große Highlight lieferte 1977 Charlie Fowler mit der Free-Solo-Begehung des »Direct North Buttress« (VII–/5.10b, 400 m) am Middle Cathedral Rock im Yosemite Valley. Ein Jahr später folgte sein Alleingang am Diamond, der 300 Meter hohen Ostwand des 4346 Meter hohen Longs Peak in Colorado. Die von ihm gekletterte »Integral Route« (VI+/5.10a, 300 m) wurde im Anschluss an Fowlers Begehung in »Casual Route« umbenannt. Das sollte wohl suggerieren, dass eine Route, die einer wie Fowler einfach so klettert, nicht mehr als ein lockerer Nachmittagsspaziergang sein kann.

Dass in Wirklichkeit bei diesen Begehungen von Nachmittagsspaziergang nicht die Rede sein kann, liegt auf der Hand. Die Jungs mussten sich ins Zeug legen; immerhin waren sie dabei, langsam in neue Dimensionen vorzudringen. Ende der Siebzigerjahre zeigte auch Earl Wiggins, der einige Jahre zuvor die Yosemite-Locals mit der Free-Solo-Begehung von »Outer Limits« ein wenig konsternierte, was an großen Wänden machbar ist. Untypisch für einen Solokletterer bevorzugte Wiggins das schwer berechenbare Medium: »Ich liebe brüchigen Fels! Zu wissen, wie man damit umgeht, unterscheidet die richtigen Männer vom Rest.« Wiggins war Meister im Bruch des berüchtigten Black Canyon und gehörte zu der Schule minimalistischer Kletterer, die mit dem Wahlspruch »A rope and the rack and the shirt on our back« dem Goldenen Zeitalter des amerikanischen Kletterns in den Siebzigern den Stempel aufdrückte. Mit dem Ziel, dem in den Bigwalls langsam ausufernden Techno-Wahnsinn entgegenzutreten, gehörte Wiggins zu der Generation, die ihre Ziele in der Reduktion suchte. Er drückte das nirgendwo besser aus als 1980 in seinem bekanntesten Free Solo, »Scenic Cruise« (VII/5.10d), einem 300 Meter hohen Pfeiler im Black Canyon. Ein 15 Seillängen langes Labyrinth loser Schuppen und brüchiger Risse – Earl Wiggins kletterte alles free solo, die schwierigsten Seillängen noch dazu sogar onsight! »Sicher wurde ich ein paar Mal ein wenig nervös. Ich war aber schon immer überzeugt, dass Angst etwas Gutes ist. Die hält dich wach!«

Mit Beginn der Achtzigerjahre bewegte sich das Klettern in Amerika langsam weg vom Rand der Gesellschaft und hin zur etablierten Freizeitbeschäftigung der »Normalen«. Die Urheber der Freikletterbewegung begannen langsam in der Masse der Freizeitsportler unterzugehen. Schwere Routen waren nicht länger ein Mythos – die beste Möglichkeit, sich irgendwie von der Herde abzuheben, war die radikale Reduktion. Wer etwas auf sich hielt, begann free solo durch die Wände zu cruisen, vor allem die Kletterer, die in den Jahren zuvor mit ersten freien Begehungen als Pioniere unterwegs waren. Jim Erickson

Steph Davis in »Pervertical Sanctuary« (VII–/5.10c) am Diamond, der 300 Meter hohen Ostwand des Longs Peak, Colorado.

war der wohl Bekannteste unter ihnen. Jeder gab sein Stelldichein und versuchte es noch besser zu machen. 1978 manifestierte Jim Collins in Sachen Free Solo den State of the Art. »Naked Edge« (VII+/5.11a) ist eine wilde, gefürchtete Linie, die den Eldorado Canyon dominiert. Jim Erickson, der sieben Jahre zuvor diesen 160 Meter hohen, durchgehend überhängenden Pfeiler erstmals frei kletterte, kommentierte Collins' Begehung mit Bewunderung: »Was mich wirklich verblüfft hatte, war die Tatsache, dass Jim mir sagte, dass er die Route im Vorfeld schon fünfmal durchstiegen hatte, dabei aber bei vier von den fünf Begehungen in der letzten Seillänge stürzte.« Und das aus dem Mund eines der profiliertesten Frei- und Solokletterer des Landes, der dazu nur meinte: »Viele meiner Free Solos machte ich unter Stress, wegen der Liebe oder was auch immer. Da kommst du dann an einen Punkt, an dem du dir nicht mehr so viel denkst. Du willst dich nicht zwangsläufig umbringen, aber da gibt es definitiv ein klein wenig das Gefühl, dass viele mich erst wirklich wertschätzen würden, wenn ich abstürze.«

Will man aber jemandem eine fatalistische Einstellung zum Free-Solo-Klettern nachsagen, dann gibt es wohl keinen anderen als Derek »Dirty« Hersey. Nach außen hin schien es ihm scheinbar wirklich egal zu sein, sollte er einmal aufgrund seiner Passion sein Leben lassen. Zumindest kokettierte er damit: »Besser, wir trinken gleich jetzt noch ein Bier. Gut möglich, dass es mich morgen nicht mehr gibt, und noch wahrscheinlicher in zehn Jahren.« Man sagte ihm nach: »Wenn tatsächlich Reinheit der Inbegriff des Solokletterns ist, dann gab es wohl keinen, der so viel reinen Spaß dabei hatte wie der immer gut aufgelegte Derek Hersey.« Der gebürtige Brite Hersey kam 1983 erstmals nach Boulder. Keiner kannte ihn, und er war wie immer pleite. Doch das blieb nicht lange so, denn drei Monate später kletterte er free solo durch den Klassiker »Naked Edge«. Bei seinen Vorträgen spielte Hersey mit Absturzszenarien wie andere mit Börsenkursen. »Die meisten Kletterer fallen hier und stürzen etwa bis hierher, wenn du aber beim Free Solo fallen würdest, dann würde es so weit runtergehen«, und er zeigte mit dem Laserpointer auf die Betonplattform am Ufer des Eldorado Creek.

Hersey kletterte in einem bis dahin unbekannten Ausmaß free solo. Praktizierte das vor ihm John Bachar schon ziemlich exzessiv, so lebte Hersey das Free-Solo-Klettern. Wahrscheinlich kletterte er öfter free solo als angeseilt, und seine ausgesprochene Spezialität schien es zu sein, in unbekannten Routen absolut an sein Limit zu gehen. Hersey war nicht unbedingt der ausgesprochene Spitzenkletterer, deswegen waren seine Leistungen vom reinen Schwierigkeitsgrad her gesehen limitiert. Das kompensierte er aber über seine offensichtlich grenzenlose Coolness. Und so geht einer der wirklich aufregendsten Free-Solo-Exzesse auf sein Konto. 1990 kletterte Hersey am Diamond zuerst die Route »Yellow Wall« (VII+/5.11a) hinauf, stieg über die »Casual Route« (VI+/5.10a) ab und schloss die Trilogie mit »Pervertical Sanctuary« (VII–/5.10c) als Free Solo onsight ab.

Seit Paul Preuß gab es keinen bekannten, erstklassigen und passionierten Free-Solo-Kletterer mehr, der seine Leidenschaft mit dem Tod bezahlte. Jetzt zu sagen, dass es bei Derek Hersey so kommen musste, wäre zu billig. Dass es ihn als nächstes prominentes Opfer unter den Free-Solo-Kletterer erwischen würde, war aber zumindest wahrscheinlicher als bei anderen. In Sachen Fatalismus durchaus vergleichbar mit »Yabo« Yablonski, war Hersey dauerhaft exzessiv und riskant unterwegs. Im Sommer 1994 schließlich trafen sich seine Freunde in dessen bevorzugter Bar in Boulder. Die Gläser wurden zu Ehren von Derek Hersey gehoben. Dieses Mal hatte sich sein Spruch bewahrheitet. Ihr hättet besser gestern noch ein Glas mit mir getrunken, denn heute bin ich nicht mehr da … Tags zuvor war Hersey am Sentinel Rock im Yosemite gestorben. Genaueres weiß man nicht. Es ist aber mit an Sicherheit grenzender Wahrscheinlichkeit anzunehmen, dass Hersey beim Free-Solo-Klettern aus der »Steck/Salathé« (VI+/5.10b) stürzte. Als Ursache für den tödlichen Absturz kommt ein plötzlicher Regenschauer – das Wetter war an diesem Tag alles andere als gut – oder ganz einfach ein Verhauer in Frage. Was es wirklich war, bleibt das Geheimnis von Derek Hersey.

Ob Fowler, Wiggins oder Hersey – niemand erreichte zu Zeiten eines John Bachar auch nur annähernd dessen Breitenwirkung. Mögen auch manche ihrer Aktionen denen Bachars in nichts nachgestanden haben, so war doch keiner von ihnen in gleichem Maße auf der internationalen Bühne präsent. Die internationale Bühne in Amerika ist nichts anderes als das Yosemite Valley. Egal was man macht, im Yosemite bringt jede erbrachte Leistung das Doppelte in der öffentlichen Wahrnehmung.

Trotzdem hatte sich in aller Stille ein zuerst noch völlig unbeachteter Nachfolger Bachars auf den Weg gemacht. Mit der gleichen Passion wie sein berühmtes Vorbild ging Peter Croft auf die Felsen zu und hatte dabei auch noch die Begabung eines Bachar – nur dass inzwischen schon wieder einige Jahre ins Land gegangen waren und das allgemeine Niveau gestiegen war. Croft kletterte bis zum zehnten Grad onsight und knüpfte nahtlos an das an, was Bachar als Limit hinterlassen hatte. Er wurde zu dem Kletterer, der das geistige Erbe John Bachars weitertrug.

Es war vor allem die nächstgrößere Dimension der Routen, auf die Croft das Free-Solo-Klettern erweiterte. Zunächst begann er wie sein Vorbild, kletterte klassische Wege, Sportkletterrouten – egal. Er kletterte alles und sammelte zeitweise um die 30 Seillängen an einem Tag. Alles free solo. 1985 schließlich machte er den ersten großen Schritt zur Legende: Er kletterte die neun Seillängen lange »Regular« (VIII–/5.11c) am Rostrum free solo – der untere achte Grad und gleichzeitig eine der ganz großen Freikletterrouten im Yosemite. Danach machte sich der ruhig und bescheiden wirkende Croft daran, sich langsam, aber sicher vollständig von den bisherigen Vorstellungen von Normalität abzusetzen. Was dann kam, war ein Meisterstück, das für Jahre als Highlight am Kletterhimmel leuchtete: »Astro Man« (VIII–/5.11c), rein nominell nicht schwieriger als die »Regular« am Rostrum, aber über 300 Meter hoch und vor allem wesentlich exponierter und anspruchsvoller. In »Astro Man« ist alles zu finden: diffizile Wandkletterei, die 50 Meter lange Bilderbuchverschneidung der »Endurance Corner«, der gefürchtete »Bomb Bay Chimney« – ein nach unten offener Kamin – des »Harding Slot« und eine Menge steiler Risse.

Einen seiner aufregendsten Free-Solo-Exzesse erlebte Derek Hersey am Diamond. 1990 kletterte er »Yellow Wall« (VII+/5.11a), »Casual Route« (VI+/5.10a) im Abstieg und »Pervertical Sanctuary« (VII–/5.10c) – alles an einem Tag und free solo. Im Bild Steph Davis 2007 in »Pervertical Sanctuary« – eine Weltklasseleistung, denn noch keine Frau vor ihr kletterte eine große Wand dieser Schwierigkeit free solo.

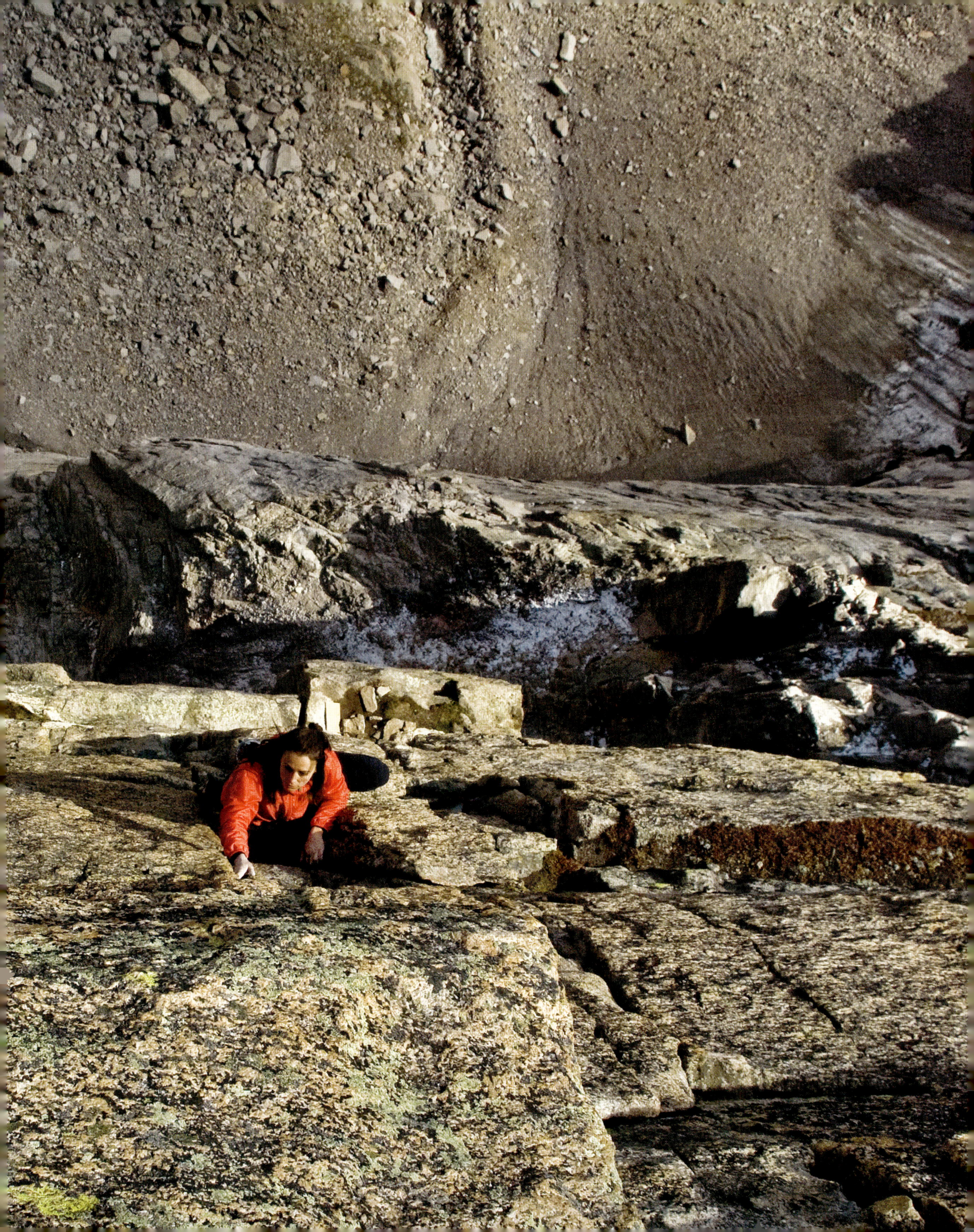

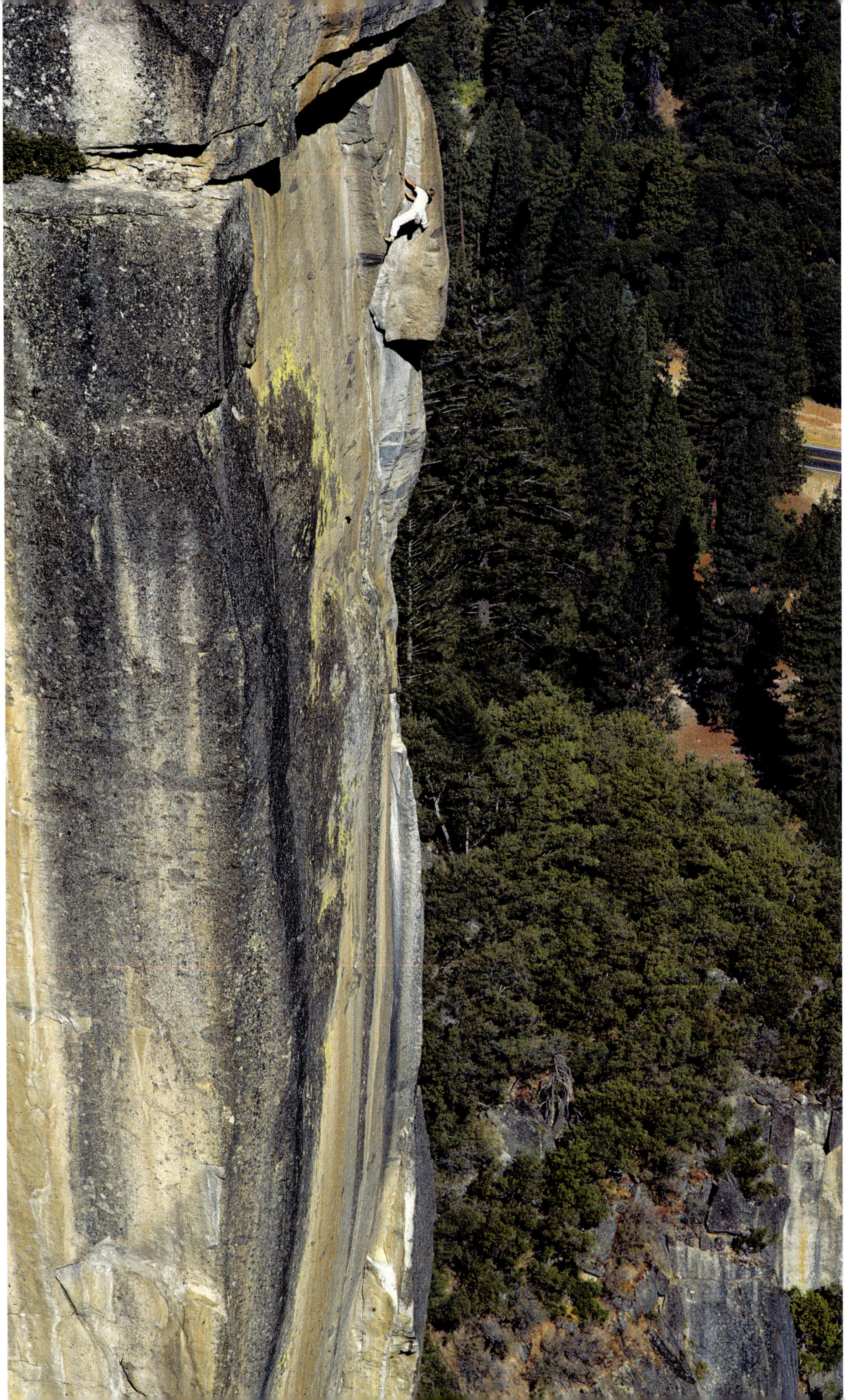

Peter Croft in der vorletzten Seillänge der 300 Meter hohen »Regular« (VIII–/5.11c) am Rostrum. An Ausgesetztheit sind diese Meter kaum mehr zu überbieten.

Peter Croft
Einen Moment lang fliegen

Es gibt viele Gründe, warum man solo unterwegs ist. Ob Felsklettern oder Langstreckensegeln, die Beweggründe reichen von patriotischer Leidenschaft über halb selbstmörderische Wut bis zu irgendeiner kaputten Beziehung. Für mich stammen sie aus meiner Kindheit. Da gibt es keine dunklen Geheimnisse, nur zahllose Stunden, die ich damit verbrachte, in Superman-Comics und Tarzan-Filmen zu leben. Immer tiefer versank ich in dieser Traumwelt, doch irgendwann erkannte ich, dass ich nie mit den Affen in Afrika leben oder schneller als eine flitzende Gewehrkugel fliegen könnte. Ich begann mich nach anderen Ideen umzusehen, die ein wenig leichter zu realisieren wären. Als ich schließlich das Klettern entdeckte, fühlte ich mich wie verwandelt, und dann, Jahre später, als ich zum ersten Mal das Seil unten ließ, erlebte ich dieses Gefühl noch einmal.

Nach meinem ersten Trip ins Yosemite war ich von drei Dingen überzeugt. Das Valley war der Ort, Freiklettern war das Spiel, und »Astro Man« war die Route. 400 Meter perfekter orangefarbener Granit, gespalten von einer der schönsten Rissreihen der Welt. Als ich schließlich den Mut aufbrachte, »Astro Man« erstmals in Seilschaft zu versuchen, nahm diese Wand in meinem Kopf monsterhafte Dimensionen an. In der Nacht vorher schlief ich nicht eine einzige Sekunde, und als ich in der Route war, war ich so nervös, dass ich mich den Weg zum Ausstieg praktisch hinaufzitterte. Zu dieser Zeit kam mir die Idee, »Astro Man« free solo – im Alleingang, ohne Seil – zu klettern, nicht einmal im Entferntesten in den Sinn. Jahre vergingen, immer wieder kletterte ich »Astro Man«, trotzdem dachte ich nie daran, diese Route solo zu klettern.

1987 war ich schließlich in Australien, wo ich die heißen Sommermonate am Mount Arapiles genoss. Ich machte dort unten jeden Tag viele Klettermeter, bewegte mich kilometerlang solo über den fantastischen Quarzit, und wenn ich mal nicht kletterte, dann ging ich zum Joggen, wobei ich die Laufstrecke fast täglich vergrößerte. Ich wollte bei meiner Rückkehr ins Valley gut in Form sein, um einen ganzen Marathon an alten Klassikern aneinanderreihen zu können. Aber mein Traum zerplatzte, als ich mir die Außenbänder am Fußknöchel zerrte und nicht mehr laufen konnte.

Mit all der aufgestauten Energie konzentrierte ich mich ausschließlich auf das Klettern. Als ich schließlich im Valley ankam, kletterte ich mehr denn je und fast alles allein – free solo. Erst jetzt begann »Astro Man« meine Gedanken zu beherrschen.

Ich wollte mich der perfekten Erfahrung annähern. Als ich ein paar Jahre zuvor das Rostrum zum ersten Mal free solo durchsteigen wollte, hatte ich die Route am Tag zuvor in Seilschaft erkundet, um alle Passagen der Route für ein eventuelles Free Solo genau zu analysieren. Diese Vorbereitung hatte der Sache den Reiz genommen und mich schließlich so sehr geärgert, dass ich nicht einmal eingestiegen war. Seither waren vier oder fünf Jahre vergangen, und ich beschloss, denselben Fehler nicht noch einmal zu machen. John Bachars Begehungen von »New Dimensions« und »Nabisco Wall« waren zwei Meilensteine des Free-Solo-Kletterns im Valley, und deswegen begann ich den Tag mit genau diesen zwei Routen. Anschließend fuhr ich ins Curry Village und ging, weil es in der Mittagshitze extrem heiß war, hinüber zum Fluss. Ich wartete, bis die »Astro Man« im Schatten war. Es schien eine Ewigkeit zu dauern.

Endlich war es Zeit, zu beginnen. Als ich den Schotterhang zum Einstieg hinaufstieg, war ich bereits in Kletterstimmung und setzte beim Gehen meine Füße mit exakter Präzision,

Peter Croft

als würde ich klettern. Es war mir wichtig, dass ich, am Wandfuß angekommen, das Gefühl haben würde, bereits mittendrin zu sein.

Die ersten 70 Meter waren leicht. Die dritte Seillänge dagegen würde, wie ich wusste, die Schlüsselseillänge für mich sein: Piazen an den Fingerspitzen und an nur winzigen Tritten. Wenn auf dieser Abschussrampe ein Fuß nur ansatzweise abrutschen sollte, würde das der letzte Fehler meines Lebens sein. Ich kletterte zwei- oder dreimal auf und ab, dann startete ich schließlich durch. Ich stand nicht nur auf den winzigen Kanten – ich presste die Sohlen richtiggehend in die Tritte hinein, während ich meine Finger mit aller Kraft in den Riss bohrte. Eine Minute höchster Konzentration, dann war alles vorbei – diese Stelle lag hinter mir, und eine wunderschöne Bilderbuchverschneidung, die »Endurance Corner«, wartete auf mich. Zug um Zug, Hand über Hand klemmte ich mich diesen fantastischen Riss hinauf. Immer wieder stoppte ich in der Bewegung, um die wachsende Ausgesetztheit zu genießen.

Noch einmal knapp 100 Meter fast perfekte Handrisse, und ich stand unter dem überhängenden Schlot des »Harding Slot«. Ein bisschen Klemmen und Spreizen, um in den Kamin hineinzukommen, die notorischen Schlangenbewegungen, um durchzukommen. Die von vielen so gefürchtete Seillänge kam mir fast schon lächerlich leicht vor, ich war jetzt mitten im Kletterrausch. Die Gedanken begannen zu fliegen, ich kletterte schnell, kaum dass ich mir die Zeit zum Nachchalken nahm, und ich kletterte noch schneller. Nicht einmal die nächste knifflige Stelle oberhalb eines kleinen Dachs konnte meinen Fluss bremsen. Mit kraftvoll weiten Zügen überkletterte ich respektlos die normalerweise diffizile Passage. Erst auf einem kleinen Band

20 Meter weiter oben hielt ich das erste Mal wieder an. Ich realisierte, wie aufgedreht ich war und dass ich zu schnell kletterte. Nicht nur meine Sicherheitsreserven, sondern auch das bewusste Erleben des ganzen Abenteuers litt darunter. Ich setzte mich auf das kleine Band, zog meine Schuhe aus und ließ die Füße über dem Abgrund baumeln. Niemand wusste, wo ich war und was ich vorhatte. Niemand sonst war in der ganzen Wand, die einzigen Geräusche waren die Schreie der Schwalben. »Das ist es«, dachte ich, »das ist es, wofür ich hierhergekommen bin.«

Nach dieser kurzen Pause kletterte ich nun langsamer weiter, genoss jeden Meter, jeden Augenblick. Fingerrisse, verwinkelte Verschneidungen, wieder perfekte Risse und plötzlich die letzte Seillänge. Eine kurze Verschneidung, dann heikle Kletterei an kleinen Griffen über die ausgesetzten Meter der Abschlusswand.

Als ich am Gipfel stand und nach Westen zum El Cap und in den beginnenden Sonnenuntergang blickte, war ich überglücklich und doch irgendwie traurig. Ich blickte vom warm leuchtenden Gipfel zu den dunklen Schatten unter mir. Tief unter mir das Valley – eine andere Welt, in die ich gar nicht mehr zurückkehren wollte. Ich ließ mir lange Zeit, erst spät begann ich mit dem Abstieg.

Noch weitere zwei Mal kletterte ich in diesem Sommer solo durch die »Astro Man«. Ich versuchte, das Erlebte noch einmal einzufangen. Ich war dumm genug, zu hoffen, dass ich die erste Erfahrung erweitern könnte, indem ich einfach etwas hinzufügte. Beim letzten Mal begann ich den Tag mit »Astro Man«, kletterte dann das Rostrum und fuhr anschließend zum Cookie Cliff, wo ich alle meine Lieblingsrouten kletterte: »Crack-A-Go-Go«, »Red Zinger«, »Nabisco Wall« und viele mehr. Aber es funktionierte nicht so, wie ich es mir vorstellte. Irgendwie wurde es weniger, je mehr ich hinzufügte. So hörte ich auf, es zu probieren. Ich musste mir etwas Neues suchen.

Die meisten von uns träumen davon, fliegen zu können. Oder zumindest träumten wir das, als wir Kinder waren. Zu einem großen Teil geht es dabei wahrscheinlich um echtes Fliegen. Aber ich wette, es ist auch ein wenig eine Metapher dafür, zumindest ein einziges Mal deutlich besser sein zu wollen, als wir tatsächlich sind. Diesen Sprung zu machen erfordert Risiko. Sicher, ich hätte »Astro Man« mit einem Partner und einem Seil klettern können. Aber dadurch, dass ich nicht an den Boden gebunden war, konnte ich für einen kurzen Moment in meinem Leben fliegen.

Peter Croft in einer der genialsten Risslinien, die das Yosemite Valley zu bieten haben: »Tips« (VIII+/5.12a).

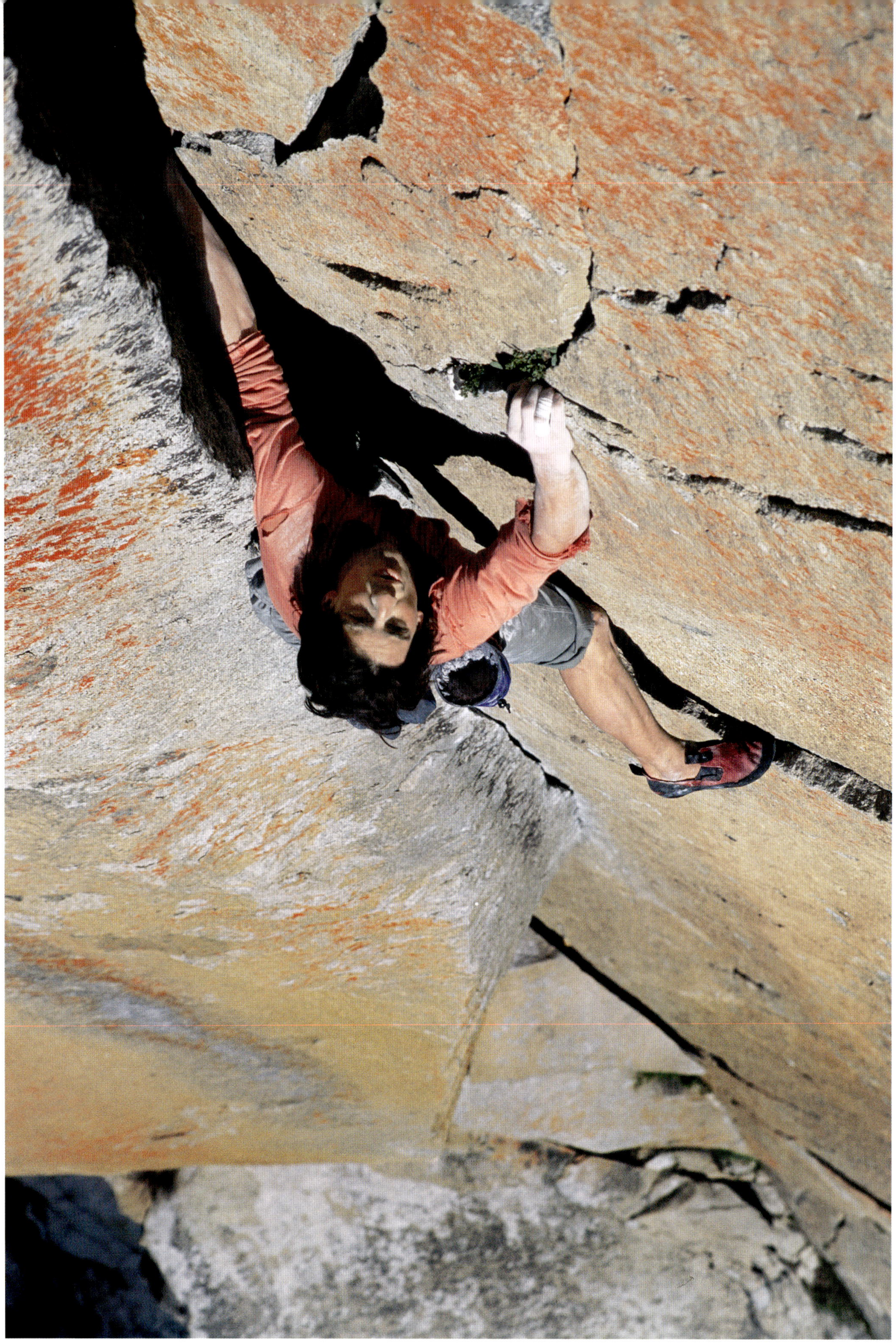

1987 kletterte der Kanadier Peter Croft als Erster free solo durch die »Astro Man« (VIII–/5.11c) an der Washington Column. Ganze 13 Jahre später war es Dean Potter, der sich dieser Herausforderung stellte. Das Bild links zeigt ihn in der »Endurance Corner«, einer der Schlüsselstellen der 300 Meter hohen Route.

Peter Croft war seiner Zeit voraus, und für gut fünfzehn Jahre war die »Astro Man« das Maß der Dinge. Das liegt vor allem daran, dass in den Neunzigerjahren das Hauptaugenmerk der Kletterer wieder mehr auf andere Aspekte des vertikalen Sports fiel. Lynn Hill kletterte 1993 erstmals frei durch die berühmteste Route am El Capitan, die »Nose«, und in den folgenden Jahren widmete sich die neue Generation der Kletterer vor allem dem Freiklettern der Bigwalls. Ganz anders als zu den Zeiten der Stone Masters in den Siebzigern und Achtzigern war Free-Solo-Klettern einfach kein Thema mehr. Oder besser gesagt: Es dauerte, bis es wieder zum Thema wurde. Mehr als ein Jahrzehnt …

Am Ende waren es sogar ganze 13 Jahre, die vergingen, bis »Astro Man« wieder free solo geklettert wurde. Dean Potter, einer der profiliertesten kalifornischen Kletterer der letzten zehn Jahre, reihte sich in die exklusive Gruppe der Free-Solo-Legenden des Yosemite Valley ein. Wie Croft kletterte er die »Astro Man« und die »Regular« am Rostrum free solo und fügte dem mit der benachbarten Route »Blind Faith« (VIII/5.11d) noch eine Steigerung hinzu.

Dean Potter am oberen Ende der »Endurance Corner« in der Route »Astro Man« (VIII–/5.11c).

Separate Reality

Es gibt nicht viele Bilder, die den Charakter des Free-Solo-Kletterns besser ausdrücken als jenes, das der Tiroler Bergfotograf Heinz Zak im Oktober 1986 von Wolfgang Güllich machte. Mit der Erstbegehung durch Ron Kauk 1978 wurde das Sieben-Meter-Dach »Separate Reality« (VIII+/5.12a) nicht nur zu einer der schwierigsten Routen der Welt, sondern auch Ausdruck der neuen Klettergeneration und ihres Lebensstils. Dieser durch eine auf den Kopf gestellte Welt ziehende Riss wurde zum Inbegriff der Kletterkunst der Siebzigerjahre und war eben auch im Zentrum des Kletteruniversums zu finden: im Yosemite Valley. Bis heute haben diese wenigen Meter ihren Nimbus nicht verloren.

Der Einstieg ins Dach befindet sich gut 200 Meter über dem Merced River auf einem Band und wird durch Abseilen von oben erreicht. Dann folgen wenige senkrechte Meter, bis es zur Sache geht. Sechs Meter zieht der Handriss durch das horizontale Dach, erst dann kommt kurz vor dem Ende die exponierte Schlüsselstelle. Diese Kletterstelle ist mehr als nur berühmt, sie ist spektakulär! In waagrechter Kletterposition werden die Füße gelöst, der Körper schwingt durch, die Beine müssen an der Dachlippe verhakt werden.

Seit 1986 ist dieses Monument aus Stein untrennbar mit dem Namen Wolfgang Güllich verbunden. Am 11. Oktober kletterte er »Separate Reality« free solo. Der Pionier der hohen Schwierigkeitsgrade verkörperte auch schon vor dieser Begehung das Idealbild des Kletterers, denn nicht nur wegen seiner einzigartigen sportlichen Fähigkeiten, auch wegen seiner menschlichen Qualitäten genoss er große Anerkennung in der internationalen Kletterszene. Die Bilder aber, die jetzt um die Welt gingen, machten ihn schlagartig berühmt.

Mehr als andere Routen verkörpert »Separate Reality« (VIII+/5.12a) die moderne Freikletterei. Seit 1986 ist dieses Monument untrennbar mit dem Namen Wolfgang Güllich verbunden. Am 11. Oktober 1986 kletterte er »Separate Reality« free solo.

Wolfgang Güllich

Wolfgang Güllich
Eine andere Wirklichkeit

Nur wenige Meter sind es hinauf bis zu den markanten Griffen, wo das Dach beginnt und waagrecht auslädt, diese Griffe sind die letzte Schlüsselposition der Sicherheit.

Von dort will ich mich lösen, hineintauchen in eine »andere Wirklichkeit« – »Separate Reality« im seilfreien Alleingang –, hinaus an die Dachkante und darüber, das will ich schaffen. Jetzt gibt es sie nicht mehr, die lähmende Angst, die noch vor einigen Wochen schon beim bloßen Gedanken daran jede Bewegung einfror und den Schweiß in die Handflächen trieb; sie ist einer Beklemmung gewichen. Schließlich habe ich jetzt alle erdenklichen Routeninformationen, bin mit jedem Bewegungsdetail vertraut, kenne exakt die konditionelle Belastung. Doch wie weit können konditionelle und psychische Leistungsfähigkeit miteinander konform gehen? Der gischtige Merced River im Talgrund von Yosemite bleibt zu dieser Frage stumm. Lautlos wie die Miniaturautos einige Hundert Meter tiefer. Die Antwort – ich kenne sie. Sie ist ohne jeden Kompromiss! Souverän bin ich die Route bereits einige Male mit Seilsicherung geklettert. Doch die zwingende Notwendigkeit, nun alles perfekt machen zu müssen, kann verkrampfen, die Präzision der Kletterbewegungen verschlechtern, ökonomisches Klettern verhindern. Was würde dies bedeuten? Vielleicht irgendwo draußen im Riss das »Karussell der Panik«, um mit zugeschraubten Händen zu »verhungern« …

Solche Gedanken machen schwermütig, blockieren die gedankliche Flexibilität, beeinträchtigen Wahrnehmungen, Denkprozesse und Kondition; Gott sei Dank sind sie schon einige Wochen alt. Es ist eine schwere Bürde, »lebenswichtige« Verantwortung mit der erforderlichen Gelassenheit zu tragen, es ist nur durch eine außerordentliche Konzentration möglich. Sie allein schafft die Fähigkeit, sich in objektiv gefährlichen Situationen subjektiv sicher zu bewegen. Und ich spüre allmählich, wie die Exklusivität des Abenteuers meinen Willen beflügelt. Das waagrechte Sechs-Meter-Dach »Separate Reality« ist für mich zu einem Symbol der Freikletterkunst geworden. Und im seilfreien Alleingang wäre die sportliche Leistung nicht nur artistisch, nein, sie würde Körper und Geist vereinen, gemäß der Idealvorstellung von einer Höchstleistung. Genau dort, wo sich der Handriss auf Fingerbreite verjüngt,

befindet sich jene atemberaubende Bewegungsabfolge, durch deren Fotodokumentation sich vor einigen Jahren unser Vorstellungshorizont verschoben hatte. An der flüchtig klemmenden Hand dynamisch einen Griff zu schnappen, dann die Füße zu lösen, um sie entgegen der Bewegungsrichtung über der Dachkante erneut zu verankern und, so stabilisiert, schließlich die Hände nachzuholen. All dies war für uns bis dahin unvorstellbar gewesen.

Während der Vorbereitung habe ich mich immer wieder in diese Schlüsselstelle hineingedacht, jede Bewegung automatisiert und fehlerfrei programmiert, jedes Detail, auch das Ausmaß der Beklemmung in dieser schonungslosen Ausgesetztheit.

Der Puls bleibt ruhig, noch herrscht Ruhe vor dem Sturm. Eine letzte Kontrolle vor dem grünen Licht: Der Fels ist kühl, das bedeutet keine Schweißbildung und keine Gefahr des Ausrutschens mit der Hand. Die Nervenrezeptoren sind aktiviert, in vorher nie gekanntem Ausmaß sensibilisiert – die totale Konzentration! Die Kletterei wird zum Gedankengewitter der Wahrnehmungen und Reaktionen. Immer wieder gilt es die optimalen Klemmstellen im Riss zu ertasten, den richtigen Anpressdruck der Finger zu ermitteln, dann wieder den Stabilitätsgrad der Kletterposition zu überprüfen, ihn notfalls zu korrigieren. Das Timing ist flüssig, aber keinesfalls hastig – bis zum Ende des Handrisses. Ein Weilchen bleibe ich hier hängen, zur Konzentration aller Kräfte, um jeder Bewegung auf den letzten Metern die Präzision eines Uhrwerks einzuverleiben. Im Kreuzgriff zum flüchtigen Handklemmer – das weite Hinauslangen zum Griff – das Lösen der Füße, ohne Schwung, nichts darf ruckartig sein! Ich wage nicht, über die Fußspitzen ins Tal zu schauen, denke nicht daran. Die Systematik des Erfolges ist hier die Reduktion auf das absolut Wesentliche, auf das Heben und Verhaken der Beine, auf Körperspannung und Nachgreifen. Erst nach dem Durchstützen auf das Gipfelplateau weicht die ungeheure Belastung einem befreienden Schrei. Ein ungeheures Glücksgefühl lässt jede Spannung abfallen, und ich habe plötzlich den Eindruck, dass es kein Hasardeurspiel mit dem Leben war, sondern subjektiv ungefährlich.

Ich sitze in der Sonne auf dem flachen Gipfelplateau – die »andere Wirklichkeit« ist Vergangenheit geworden, und der Gedanke an den Tod erst lehrt uns das Leben zu schätzen.

1986 war Heinz Zak der Augenzeuge, der Wolfgang Güllichs Free-Solo-Begehung der Route »Separate Reality« (VIII+/5.12a) hautnah mitverfolgte und mit seinen Fotos dokumentierte. Es entstanden fantastische Bilder und gleichzeitig auch die Vision, diesen Traum irgendwann selbst verwirklichen zu können. Lange Zeit sollte dieser Traum warten, 2005 aber gelang Heinz Zak das, was er 19 Jahre zuvor als Fotograf festhielt: Er holte sich die zweite Free-Solo-Begehung der Route »Separate Reality«.

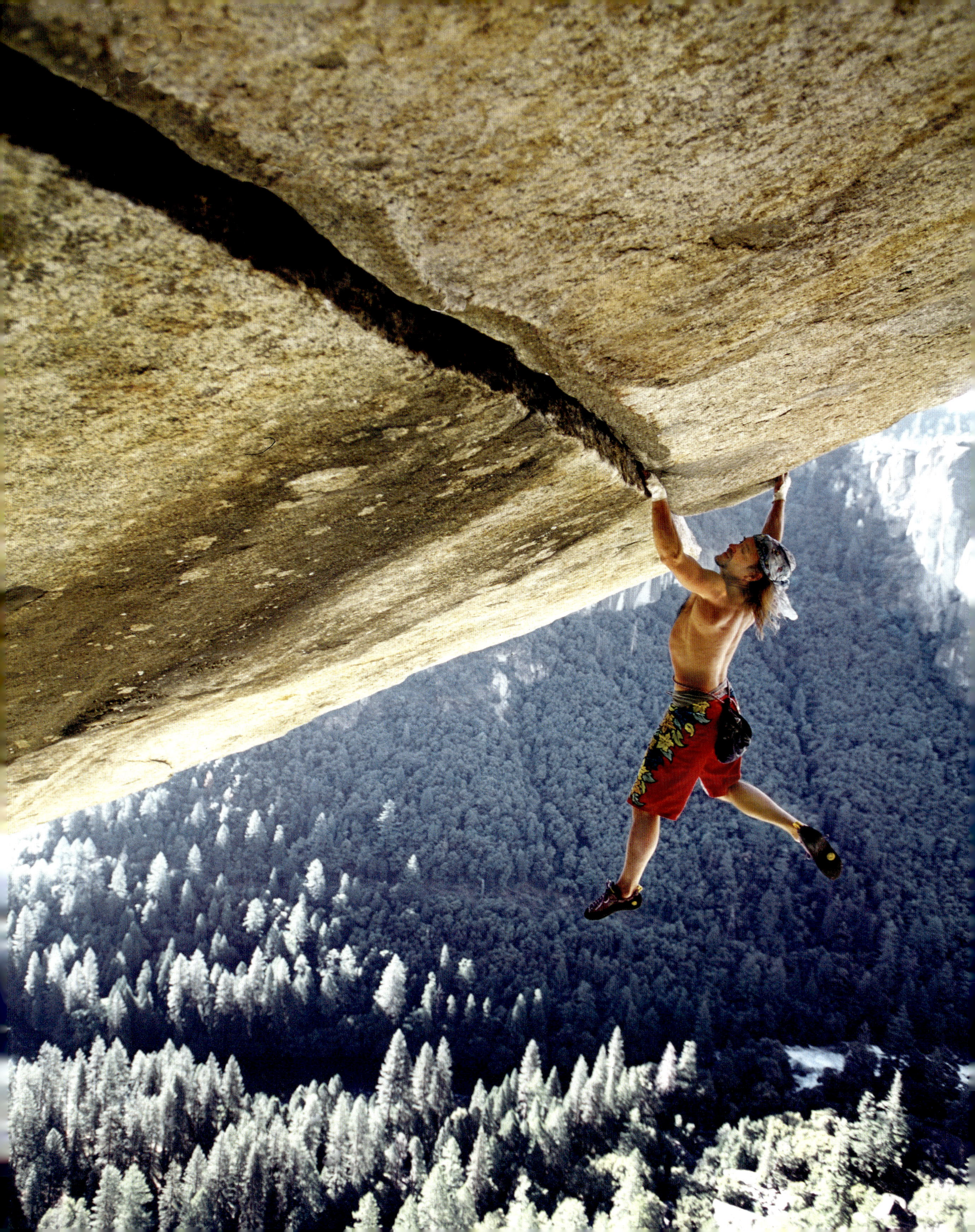

New Generation

Wie Heinz Zak orientierte sich auch Dean Potter an Wolfgang Güllichs Meisterwerk. Kurz nach dem Tiroler holte sich der Kalifornier die nächste Free-Solo-Begehung der »Separate Reality« (VIII+/5.12a) und setzte kurz darauf mit Ray Jardines »Dog Roof« (IX–/5.12b) nach. Der sportliche und visuelle Hammer war dann jedoch ein extrem ausgesetztes Rissdach am Glacier Point. »Heaven« (IX/5.12d) ist eine Sportkletterroute und als solche nicht länger als zwölf Meter, aber wie auch bei »Separate Reality« befindet sich dieses Dach am oberen Ende einer riesigen Wandflucht. Den Einstieg erreicht man zwar ganz bequem von oben kommend, und es sind auch nicht viele Züge, aber das Ambiente entspricht in jeder Hinsicht dem einer großen Wand. Dean Potter bewies einmal mehr, dass er nicht nur physisch und mental ein extrem starker Kletterer ist, sondern darüber hinaus auch einer, der ein Gespür für die besonderen Linien hat.

Der aktuelle Newcomer ist der 23-jährige Alex Honnold aus Sacramento, der großen Stadt im Central Valley, quasi ein Yosemite-Local. Bevor er aber im Hausgebiet sein außergewöhnliches Können demonstrierte, ließ er im Frühjahr 2008 im Zion National Park schon erahnen, was in ihm steckt. Die bekannteste Route in dieser Wüstenschlucht ist der 1992 von Peter Croft frei gekletterte »Moonlight Buttress« (IX–/5.12c/d), eine fantastische Linie aus feinen Rissen, die durch 300 Meter besten Sandstein führt. Innerhalb von zwei Tagen kletterte Alex die Route mithilfe eines Fixseils und einer Mini-Traxion-Seilklemme, die es ermöglicht, alleine an einem fixierten Seil zu topropen, insgesamt viermal. Dann noch zwei Rasttage, und am 1. April fühlte er sich bereit. Klettertechnisch war er sich seiner Sache

»Heaven« (IX/5.12d) ist nicht länger als zwölf Meter, dafür befindet es sich in unglaublich ausgesetzter Position, direkt am oberen Ende der fast 1000 Meter hohen Wandflucht des Glacier Point im Yosemite. Position, Exposition und Eleganz – bei »Heaven« ist alles da, was eine besondere Route braucht, und Dean Potter bewies mit seiner Free-Solo-Begehung einmal mehr, dass er ein Auge für das Besondere hat.

absolut sicher, nach eigener Aussage »ausschließlich gute, bombensichere Fingerklemmer«: »Der Schwierigkeitsgrad reflektiert nicht zu 100 Prozent die tatsächlichen Schwierigkeiten, es ist nur reine 5.12c-Ausdauerkletterei. Es ist eigentlich ganz einfach. Es ist lediglich eine Frage von entsprechender Fitness für eine ausdauernde, anstrengende und pumpige Kletterei.« Ein schönes Beispiel von Understatement …

Und dann stand er da, am Einstieg: »Ich war voller Erwartung, aber auch recht nervös. Ich war so aufgekratzt, dass ich die Nacht über kaum geschlafen hatte.« Ohne irgendwelche Probleme zog Alex Honnold in den darauffolgenden 83 Minuten seinen Traum durch. »Am Einstieg startete ich die Top 25 auf meinem iPod, drehte auf und kletterte mit vollem Sound bis zum Ausstieg. Oben angekommen, war ich noch nicht einmal mit allen Songs durch.«

Das ging alles so schnell, dass es ihn offensichtlich nach mehr verlangte: »… was mich dann zu meiner nächsten Station brachte: dem Half Dome. Die Schwierigkeiten der ›Regular‹ (VIII+/5.12a) sind vergleichsweise moderat, und ich hätte, nachdem ich die Route schon von mehreren, über die Jahre verteilten Begehungen her kannte, mit einer Monster-Psyche eigentlich das Ganze ohne irgendwelche weitere Vorbereitung durchziehen können. Ich wollte diese Würze des Abenteuers ein wenig spüren, allerdings auch nicht zu viel davon. Also kletterte ich sie noch einmal, nur um mich zu vergewissern, dass es nichts total Verrücktes darstellen würde. Diese nochmalige Begehung gelang mir sturzfrei, was aber auch das Minimum ist, was ich von mir selbst in einer Route erwarte, die ich später free solo klettern will. Allerdings pfuschte ich auch an einigen Stellen. Ich wusste zwar,

Zu den schillerndsten Gestalten der New Generation gehörte auch Dan Osman, ein in jeder Hinsicht außergewöhnlicher Athlet der Vertikalen. Bekannt wurde er durch wilde Stunts genauso wie durch seine Free-Solo-Aktionen. Die 130 Meter hohe Route »Bear's Reach« (VI–/5.7) am Lover's Leap, Kalifornien, durchrannte er free solo in nicht mehr als 4 Minuten und 25 Sekunden. Er starb 1998 durch einen Seilriss beim Versuch eines Weltrekordsprungs.

dass es schon irgendwie geht, war mir andererseits aber auch nicht hundertprozentig über die beste Lösung im Klaren.«

Den darauffolgenden Tag verbrachte Alex Honnold zum Großteil mit Nichtstun und Nachdenken in seinem Bus. Die Gedanken gingen hin und her, noch war er sich

Im Frühjahr 2008 demonstriert Alex Honnold mit der Free-Solo-Begehung des »Moonlight Buttress« (IX–/5.12c/d) den aktuellen Stand der Kunst.

nicht sicher, ob er am nächsten Morgen einsteigen würde. Am Ende kam er zu dem Entschluss, dass er zumindest aufsteigen und dann erst am Einstieg entscheiden würde, ob er die Begehung durchziehen würde oder nicht.

Er stieg ein. Und es lief gut, bis zur letzten Seillänge konnte er seinen mentalen Panzer unverletzt hinaufbringen, die Psyche war intakt. Dann begann die letzte Seillänge, eine 20 Meter lange, geneigte Platte, von einer Bohrhakenleiter durchzogen. Die ersten Meter gingen noch ganz gut, doch gerade zum Ende hin verloren sich die ohnehin schon wenigen Griffe und Tritte. »Mit einem Mal kam die Angst, von einem Moment zum nächsten. Ich blieb in der Bewegung stecken. Irgendwie hatte ich vor, eine bessere Lösung als bei der Begehung von vor zwei Tagen zu finden. Genau an dieser Stelle hatte ich meine Probleme, aber ich war überzeugt, dass es etwas Besseres geben müsste. Jetzt musste ich aber erkennen, dass es diese bessere Lösung nicht gab. Nur ein kleines bisschen zu lange stand ich in dieser schlechten Position, und schon ging's los. Der Puls begann zu fliegen, ich begann aus allen Poren zu schwitzen. Mit einem Mal war alles bitterer Ernst, und ich hatte wirklich Angst um mein Leben.«

Das hatte nichts mehr mit Spaß zu tun. Alex Honnold stand am Abgrund seines Lebens! Er hatte sich selbst in die Gefahrensituation begeben, jetzt musste er sich herausretten. Es blieb ihm nicht viel Zeit. »Ich musste etwas tun. Zufälligerweise hing ein großer, ovaler Karabiner in einem Bolt der Bohrhakenleiter, nur wenige Zentimeter oberhalb von diesem Nichts an Griff, an dem ich mich verzweifelt festhielt. Ich zog vor, zurück, chalkte mit der rechten, mit der linken Hand nach, entlastete abwechselnd meine Füße auf den schlechten Tritten. Aber ich kam nicht weiter, konnte mich nicht dazu überwinden, mit meinem rechten Fuß auf diese marginale Reibungsdelle anzutreten, um dann über diese zum rettenden Griff zu kommen. Mit einem Mal hatte ich den Karabiner im Visier. Nur einmal kurz anreißen, und ich wäre drüber!

Ich berührte den Karabiner ein paar Mal, kämpfte mit der Versuchung, mich daran hochzuziehen. Wie idiotisch ist es, wegen einer solchen Platte zu sterben, wenn ich mich so einfach selbst retten könnte? Meine Füße kamen langsam an ihre Belastungsgrenze, ich wusste, dass ich bald etwas tun musste. Abklettern war keine Option mehr – ich wollte hinauf, egal wie, aber an dem Bohrhaken wollte ich mich auch nicht hinaufziehen. Nie mehr wollte ich diese Platte hinaufklettern müssen, und ich wollte das zu Ende bringen, was ich begonnen hatte. Ich wollte diese Begehung durch die Benutzung des Bohrhakens nicht ungültig machen, ich wollte aber genauso wenig von dieser bescheidenen Reibungsdelle

Der »Moonlight Buttress« ist eine fantastische Linie aus feinen Rissen durch 300 Meter besten Sandstein.

abrutschen und 600 Meter in den Tod fallen. Schlussendlich rang ich mich zu einem Kompromiss durch. Ich ließ meine rechte Hand an diesem Nichts von einem Griff, streckte aber meinen Zeigefinger gerade so weit, dass ich mit der Fingerspitze in das untere Ende des Karabiners greifen konnte. Mein Plan war, dass ich, falls ich mit dem rechten Fuß von der Reibungsdelle abrutschen würde, sofort mit dem Finger in den Karabiner greifen, mich stabilisieren und so den Sturz vermeiden könnte. Ich stieg mit dem rechten Fuß an, zog durch und hatte den rettenden Griff in der Hand. Kein Problem. Ich war gerettet.«

Alex Honnold erreichte den Gipfel des Half Dome, stand inmitten einer Menge von Touristen. Die wenigen Momente hatten ihm alles abverlangt. »Überall Leute.

Mit freiem Oberkörper stand ich da, mental am Ende, ein wenig durcheinander, überwältigt von den gemischten Gefühlen. Still und leise zog ich meine Kletterschuhe aus und machte mich auf dem Weg nach unten.«

Anders als nach der Begehung des »Moonlight Buttress« war das Erreichen des Ausstiegs diesmal nicht von positiven Emotionen begleitet. Er spürte den Konflikt in sich. Für einen kurzen Moment kollidierte der unbedingte Wille zum Überleben, der ihn den Karabiner als psychologische Hilfe benutzen ließ, mit der puristischen Einstellung einer makellosen Begehung.

Ein schwieriger Fall

Es gibt wohl keine andere Persönlichkeit in der Szene der Free-Solo-Kletterer, die so umstritten ist wie der Kalifornier Michael Reardon. Eine fast endlos lange Liste von Free Solos ließ ihn in Kalifornien zu einer der schillerndsten Gestalten dieses exklusiven Sports werden. Was viele Zweifler auf den Plan rief, war eine fast schon fantastische Leistung im August 2005: die Onsight-Free-Solo-Begehung der 250 Meter langen Route »Romantic Warrior« (IX–/5.12b) an den kalifornischen Needles.

Sofort nach der Meldung dieses unglaublichen Erfolgs wurden Zweifel laut. »Romantic Warrior« ist nämlich alles andere als eine Route, die schnell mal onsight, also auf Anhieb, free solo geklettert wird. Die Crux der neun Seillängen langen Route ist der absolute Horror für den Free-Solo-Aspiranten: eine Verschneidung ohne Griffe und Tritte, pures Stemmen an konturlos aufeinandertreffende Granitfluchten. Doch es sind nicht nur wenige Meter, welche die »Romantic Warrior« zum Problem werden lassen – immer wieder tauchen Passagen auf, die technisch derart anspruchsvoll sind, dass die richtige Sequenz nur schwer zu lesen ist. Randy Leavitt, dem zusammen mit Tony Yaniro die erste freie Begehung der Route glückte, meint dazu: »Fange eine der Sequenzen mit der falschen Hand an, und du wirst es nicht schaffen.« Und tatsächlich sind laut »Rock & Ice«, einem der führenden Klettermagazine der USA, nicht mehr als zwei Onsight-Begehungen dieser Route bekannt.

Was aber verursachte die Zweifel an dieser unglaublichen Leistung? Michael Reardon war an diesem Tag allein unterwegs, es gab niemanden, der die Begehung beobachtete. Dabei steht es außer Frage, *dass* er die Route kletterte, denn auf dem Weg durch die Wand hinterließ er kleine Spielzeugtiger, die von einer späteren Seilschaft gefunden wurden. Die Frage ist vielmehr, ob er die Route tatsächlich *free solo* kletterte.

Reardon machte während der Begehung an diversen Standplätzen sogar Fotos von sich selbst. Um für Magazine zusätzlich aussagekräftigere Fotos zu haben, kehrte Michael Reardon sechs Wochen später zusammen mit Mark Niles, einem Freund, zurück, um mit der fünften (VIII+/5.12a) und der achten Seillänge (VIII/5.11d) zwei der wirklich schwierigen Seillängen nochmals zu klettern. Niles sagte dem »Rock & Ice« gegenüber, dass Reardon diese Seillängen »absolut zweifelsfrei« vor seinen Augen free solo kletterte. Allerdings war Michael Reardon selbst bewusst, dass auch diese Fotos seine Onsight-Free-Solo-Begehung nicht beweisen würden. »Es ist logisch, dass die Leute meine Leistung unter die Lupe nehmen«, gab Reardon zu und räumte ein, »dass die Fotos im

Die Needles sind eines der klassischen Granitklettergebiete südlich des kalifornischen Sequoia-Nationalparks. Die Abgelegenheit und die unglaublich intensiven Farben des Granits machen das Klettern zu einem besonderen Erlebnis.

›Romantic Warrior‹ letztlich auch nicht beweisen, ob ich die Route so gemacht habe oder nicht«.

Wäre eine Free-Solo-Begehung der Route schon der Hammer schlechthin, so ist aber eben gerade das Onsight das Unglaubliche. Wobei Reardon selbst dazu erklärte, dass es im eigentlichen Sinne kein puristisches Onsight war, da er nämlich einerseits peinlich genau Wandfotos studierte, andererseits von allen möglichen Leuten Informationen über die Route einholte.

Als er schließlich in die Route einstieg, war ihm nach eigener Aussage die Route mehr als nur bekannt: »Ich kannte jeden einzelnen Zug, der mich in dieser Route erwartete.« Allerdings sollte dazu erklärt werden, dass man gerade bei einer derart speziellen Route wohl kaum verwertbare Informationen bekommen kann.

Reardons Meisterwerk ist tatsächlich so extrem, dass trotz der Fotos viele Kletterer glauben, das Ganze sei ein großer Fake. Unbestritten ist, dass Reardon einer der aktivsten, besten und engagiertesten Free-Solo-Kletterer war. Es gibt viele Fotos, Filme und Augenzeugen, die eindeutig belegen, dass Reardon zur Elite gehörte. Ob nun die Free-Solo-Begehungen von »Equinox« (IX–/5.12c), »Ghettoblaster« (X–/5.13b) oder sein 280-Routen-Free-Solo-Tag in Joshua Tree, keine seiner sonstigen Begehungen geben Anlass für Zweifel. Es gibt tatsächlich eine Vielzahl von Routen im neunten bis zum unteren zehnten Grad, die Reardon auf seinem Konto hatte, bevor er mit der »Romantic Warrior« die Szene in Aufruhr versetzte. Ist es die Wahrheit? War es einfach Wahnsinn oder nur Schwindel? Reardon überließ es leider der Szene, ihm wirklich zu glauben oder nicht.

Eigentlich zählte immer schon das Wort des Bergsteigers, und in der Regel funktioniert dieses System auch. Bei einer Weltspitzenleistung wird aber dann doch genauer hingeschaut. Wer als Spitzensportler transparent und glaubwürdig ist, wird keine Zweifel, sondern Applaus ernten. Reardon, der ansonsten viele seiner Begehungen dokumentieren ließ, hatte sich genau bei dieser Route anders entschieden. Er hatte sich zwar nach eigener Aussage akribisch auf diese Begehung vorbereitet – eine Begehung, von der er selbst erklärte, dass sie alles in der Free-Solo-Welt in den Schatten stellt –, auf die Idee, dass man ihm diese abgehobene Leistung eventuell nicht glauben würde, kam er aber offensichtlich nicht. Letztendlich genügt aber selbst die große Menge an Reardons belegten Leistungen nicht zwangsläufig als Referenz für diese um einen Quantensprung höher angesiedelte Leistung in der »Romantic Warrior«. Gerade dann aber, wenn man eine derartige Spitzenleistung ohne Zeugen durchzieht, sie dann veröffentlicht und von der Gemeinschaft Anerkennung sehen will, sollte man entsprechende Referenzen vorweisen. Hätte Reardon diese Leistung, wie sonst üblicherweise auch, dokumentieren lassen, er hätte sich selbst und der Gemeinschaft der Kletterer viel Kopfzerbrechen und Streit erspart.

Reardon erklärte seine außergewöhnliche Leistung in der »Romantic Warrior« gegenüber »Rock & Ice« mit seinem speziellen Training, das die notwendige Basis für die Begehung darstellte: Um optimal für die lange, griff- und trittlose Verschneidung der Schlüsselseillänge vorbereitet zu sein, trainierte er an einer künstlichen 90-Grad-Betonverschneidung eines Parkhauses, an der er so lange kletterte, bis die Füße unter der Belastung kochten. Das Training wurde offensichtlich bis zum Exzess betrieben, sodass er letztendlich Kortison gegen die Schmerzen einsetzen musste. Am Ende zeigte sich dieses Training wohl erfolgreich, denn nach eigenen Aussage war die abgefahrenste Leistung im Free-Solo-Klettern dann nicht mehr als ein »Cakewalk«, für den er eher zu viel als zu wenig Aufwand betrieben hatte: »I over-trained for that thing …«

Es ist ein Dilemma und alles andere als ein seltenes Phänomen im Alpinismus, dass gerade die unglaublichsten Leistungen von den jeweiligen Protagonisten nicht zweifelsfrei und glaubwürdig dokumentiert werden. Cesare Maestris Besteigung des Cerro Torre, von der er allein zurückkehrte, Tomo Česens Solo-Begehungen der Jannu-Nordwand und der Lhotse-Südwand, Juraj Rečkas Begehung von »Chantier« oder Bernabé Fernández' Begehung von »Chilam Balam« …

Alle diese genannten Großtaten wären »Weltrekorde«. Scheinbar ist gerade beim Aufstellen von »Weltrekorden« die Bereitschaft mancher Kletterer nicht vorhanden, die Öffentlichkeit so mit Informationen zu versorgen, dass man ihnen glauben kann und darf.

Um Zweifler zu beruhigen, erzählte Reardon im Herbst 2005 dem »Rock & Ice«, dass er ohnehin plane, einige weitere Routen in dieser Länge und in diesem Grad free solo onsight zu klettern. Hätte er dieses Vorhaben tatsächlich wahr gemacht, dann wäre es natürlich möglich gewesen, die proklamierte Leistung im Nachhinein glaubwürdig erscheinen zu lassen. So aber bleibt sie eine weitere offene Wunde im Alpinismus.

Michael Reardon starb am 13. Juli 2007. Nicht, wie mancher erwartet hätte, durch einen Sturz beim Free-Solo-Klettern. An der Südwestküste Irlands war er zusammen mit dem Fotografen Damon Corso auf der kleinen Insel Valentia, um Aufnahmen vom Klettern über dem Atlantik zu machen. Für die Fotos kletterte Reardon zwei verschiedene Routen auf und ab, während der Fotograf versuchte, das Klettern in der Senkrechten zusammen mit der Urgewalt der bewegten See auf dem Foto zu vereinen.

Gerade war Reardon die beiden Routen geklettert und stand nur wenige Meter über dem Wasser auf einer von Algen überzogenen Terrasse, als ihn ein schwerer Brecher erfasste. Er versuchte noch, sich auf der Plattform zu halten, aber die Gewalt des Wassers war zu groß und zog ihn mit sich. Die Strömung riss ihn binnen Sekunden mehr als 150 Meter ins freie Meer hinaus. Die alarmierte Küstenwache erreichte die Stelle in nicht mehr als 15 Minuten nach dem Unfall, von Reardon wurde aber keine Spur mehr gefunden. Auch die weitere Suche in den darauffolgenden Tagen blieb erfolglos. Einer der passioniertesten Free-Solo-Kletterer verlor an diesem Tag sein Leben.

Seite 68/69: Eines der berühmtesten Kletterfotos der Welt machte der Fotograf Uli Wiesmeier von Stefan Glowacz in »Kachoong« (VII+), Mount Arapiles, Australien.

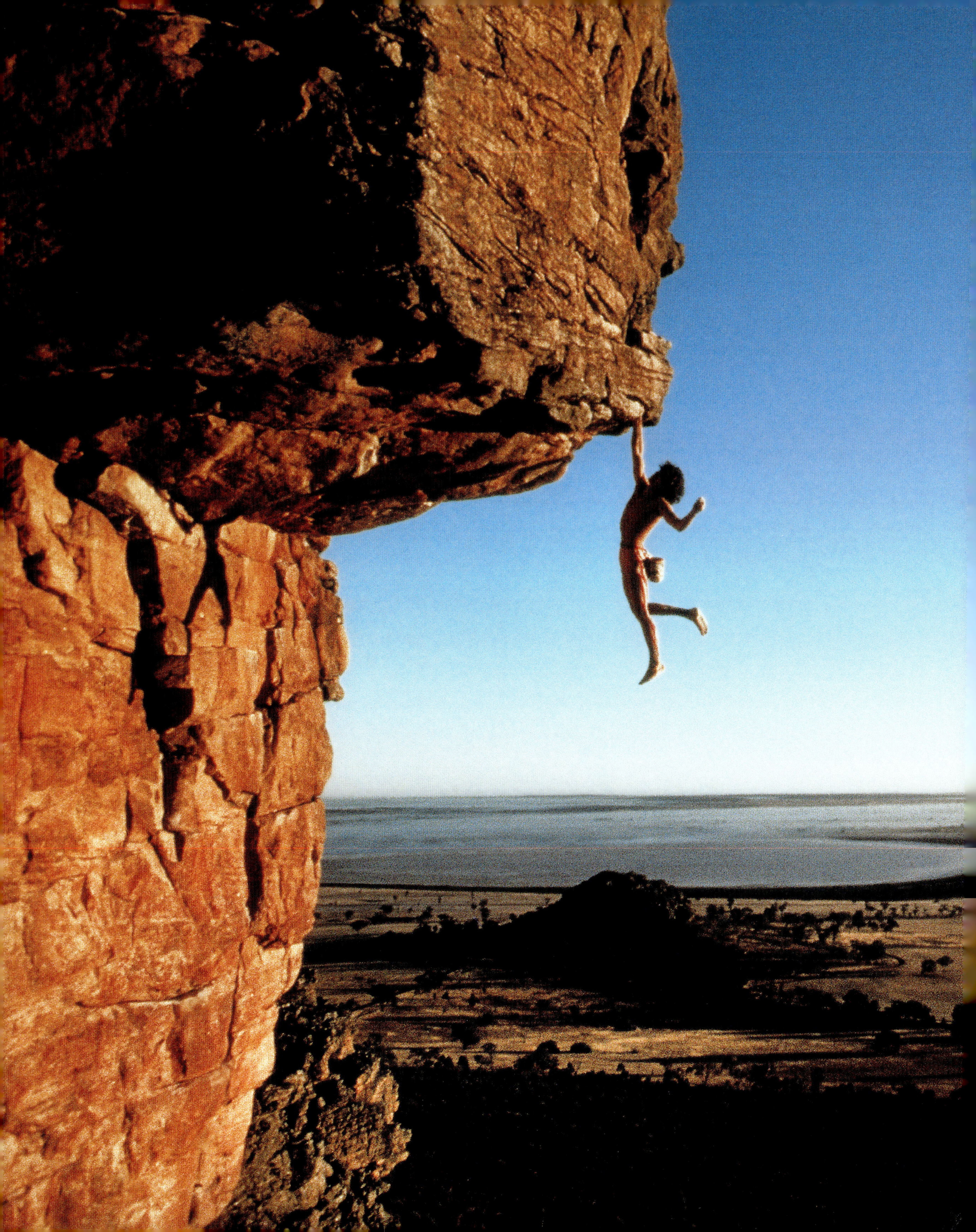

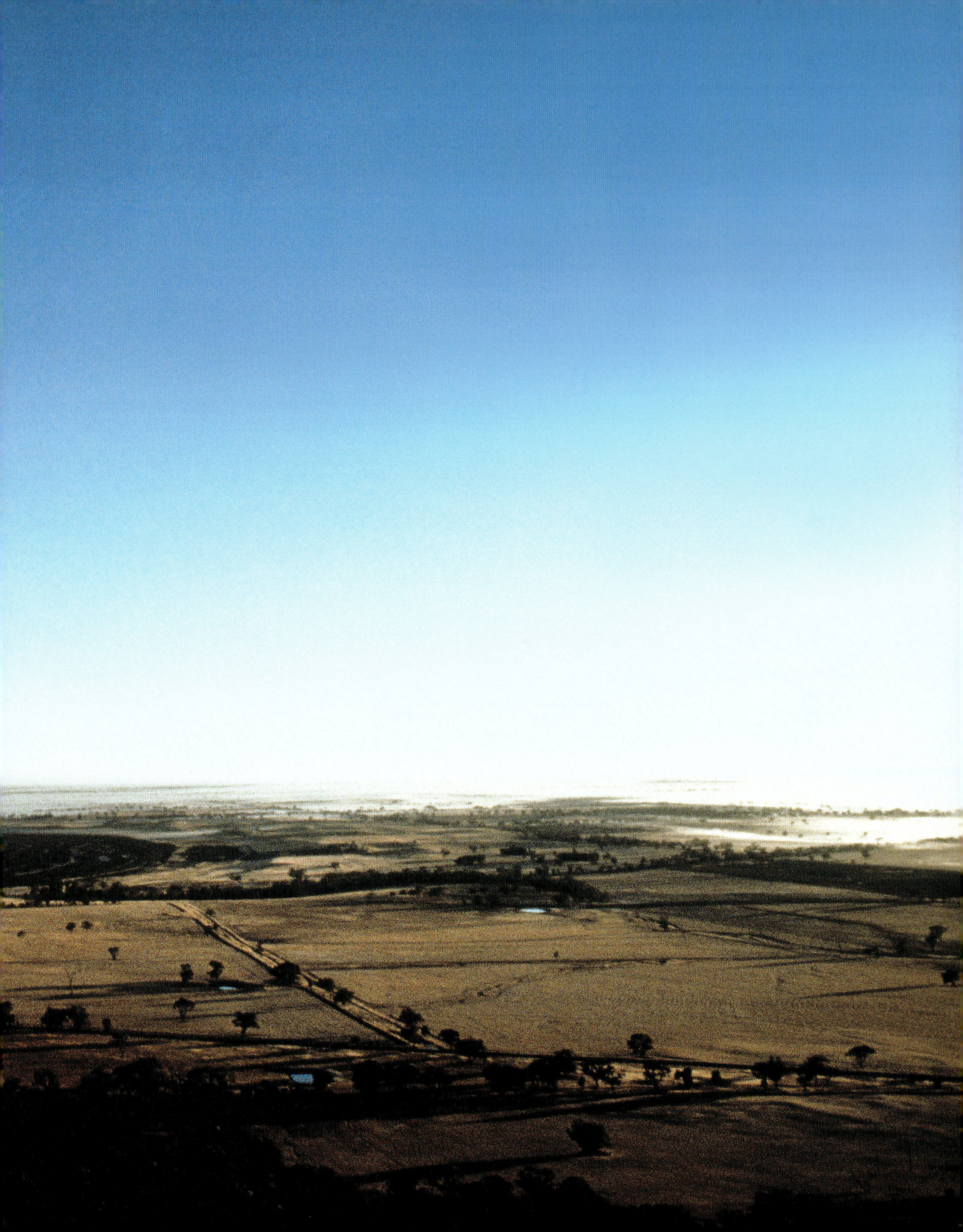

Der Engländer Jerry Moffatt ohne Seil in seiner Route »Ulysses« (VIII+/E6). Wie viele Touren im britischen Gritstone befindet sich diese acht Meter hohe Route an der Grenze zwischen einem Highball, einem ultrahohen Boulderproblem, und einem Free Solo. In jedem Fall ist eine Begehung immer mit einem extrem hohen moralischen Anspruch verbunden.

Soloklettern in Europa

Hartes Sportklettern

Das Enchaînement Peter Crofts aus »Astro Man«, der »Regular« am Rostrum und »Nabisco Wall« samt all den anderen Routen am Cookie Cliff war bahnbrechend und nicht weniger als eine neue Dimension im Free-Solo-Klettern. Mit seinen Begehungen endete in Amerika das Goldene Zeitalter des Free-Solo-Kletterns. In den Siebzigern und Achtzigern dominierte das Yosemite – und hier vor allem John Bachar und Peter Croft – die Welt des Free Solo. Zum einen, weil Yosemite in dieser Zeit das Mekka des internationalen Klettersports war. Zum anderen war es eben John Bachar, der als bekannteste Persönlichkeit im neu geborenen Klettersport das Free-Solo-Klettern an die Öffentlichkeit brachte.

Waren in den Siebzigerjahren die Amerikaner tatsächlich noch allein auf weiter Flur, so begann in den Achtzigerjahren – zuerst ganz schleichend, dann immer drängender und Ende der Achtziger massiv – das europäische Klettern nachzuziehen. Buoux, Verdon, Cimaï: Die Franzosen nahmen die aus Kalifornien kommende Freikletterwelle auf, und binnen Kurzem stand die französische Schule ganz vorn.

Gerade im Bereich der Einseillängenrouten wurde nicht mehr das Abenteuer gesucht, sondern die sportliche Komponente, das Erreichen maximaler Schwierigkeiten. Die uneingeschränkte Akzeptanz des Bohrhakens als Sicherungsmittel im Sportklettern trug ihren Teil dazu bei. Das Training wurde besser und härter, die Klettertechnik ausgefeilter, die Grenzen des gerade noch Kletterbaren wurden sukzessive nach oben verschoben.

Genauso verlief die Entwicklung bei den Free Solos im Sportkletterbereich, wenn auch ein wenig zeitversetzt. Patrick Edlinger ist die herausragende Persönlichkeit, die in den Achtzigerjahren dieser Entwicklung ein Gesicht verlieh.

1982 meldete sich der Produzent Jean-Paul Janssen mit der Idee eines Filmprojekts bei ihm. »Leben an den Fingerspitzen« sollte dem Publikum den Alltag eines Kletterers zeigen, der nichts anderem folgt als seiner Leidenschaft. Für das Projekt wurde Patrick Edlinger über vier Tage in Buoux begleitet, dem damaligen Hotspot in Europa. Vier Tage draußen in der Natur, vier Tage lang free solo am Fels. Als Highlight zeigt der Film die Begehung des 100 Meter hohen »Pilier de Fourmis« (VIII/7a), rein sportlich gesehen auf Augenhöhe mit der Performance des zu diesem Zeitpunkt schon legendären John Bachar und eine Pionierleistung auf europäischem Boden.

Neben der fast unwichtigen Gage für die Dreharbeiten brachte der Film vor allem eines: die Aufmerksamkeit der Öffentlichkeit. Vielen blieb das Bild in Erinnerung, dass im Fels das Leben immer an den Fingerspitzen hängt. Und so entstand der Eindruck, dass Free-Solo-Begehungen beim Klettern der Normalfall sind.

Durch die unheimliche Popularität, die Patrick Edlinger mit seinen Filmen und Artikeln erreichte, wurde ihm gern unterstellt, dass er nur für die Show lebte. Diese von unsäglichen Kritikern immer wieder aufgestellten Hypothesen sind ihm gegenüber genauso wenig angebracht wie bei fast allen anderen. Patrick Edlinger war einer der besten und charismatischsten Kletterer seiner Generation. Mag sein, dass äußere Einflüsse dazu

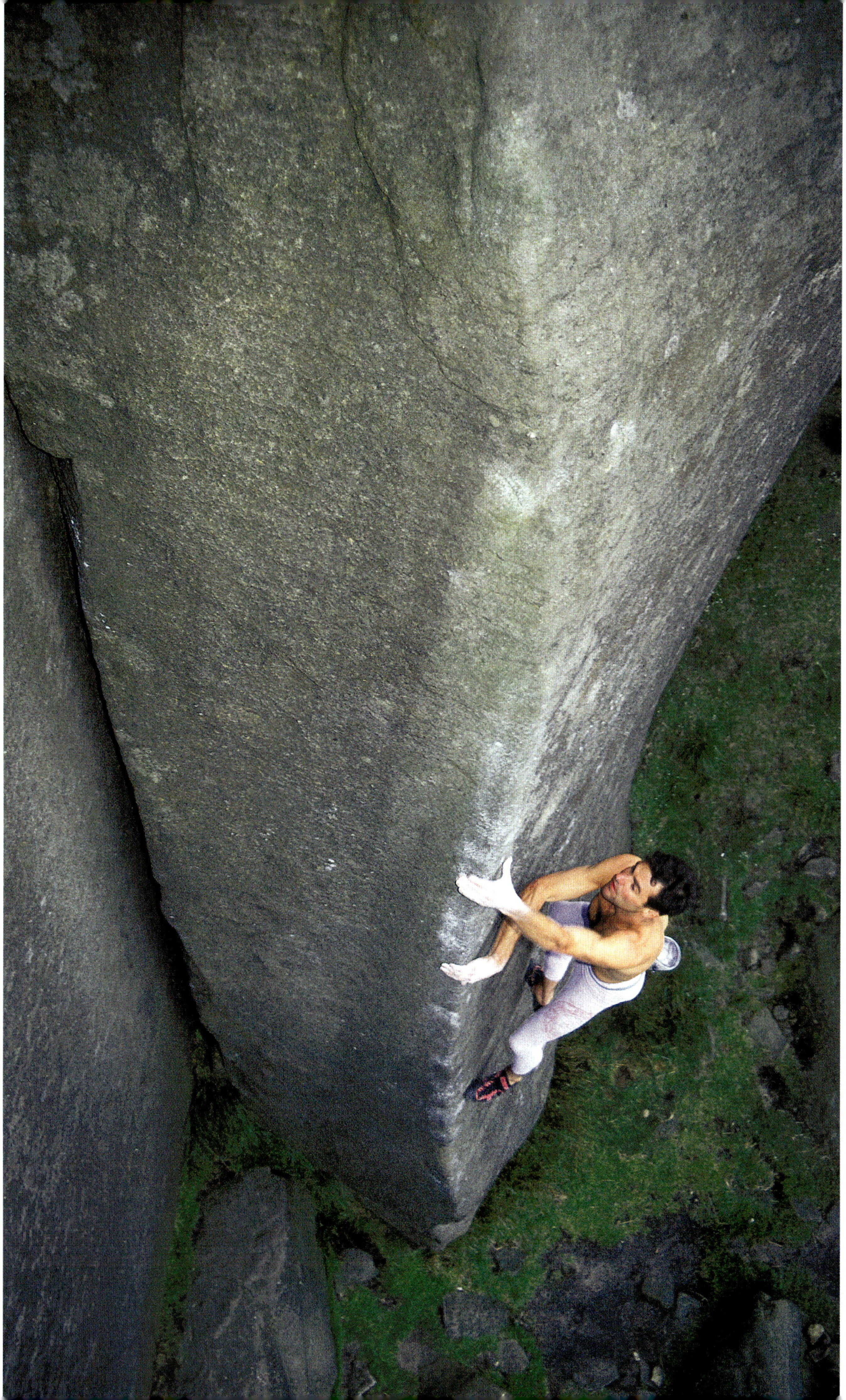

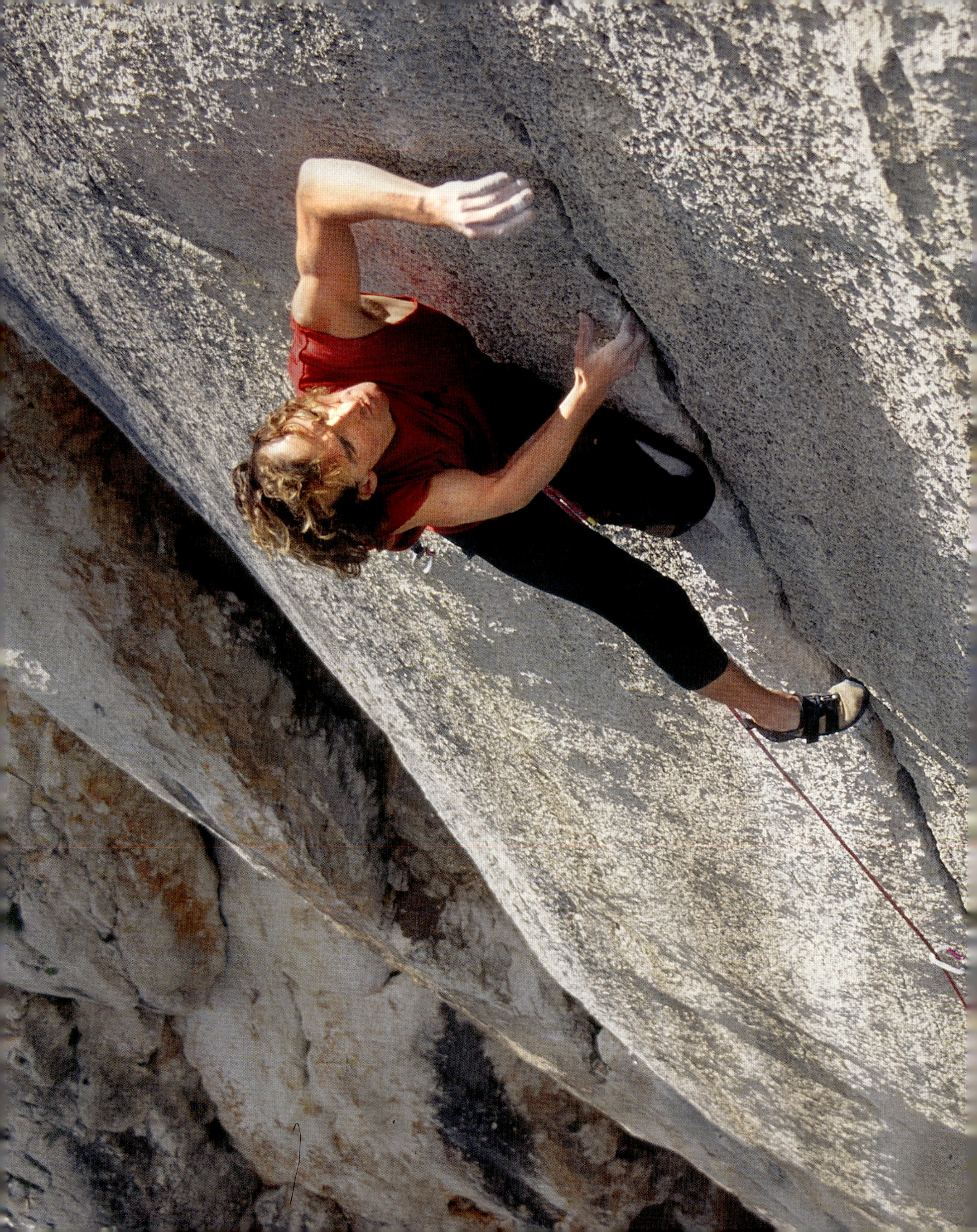

Patrick Edlinger verkörperte mit seiner Kletterkunst mehr als irgendjemand sonst die französische Freiklettergeneration, die Anfang der Achtziger ganz Europa mit sich riss. Mit der Free-Solo-Begehung von »Orange mécanique« (X–/8a) realisierte er 1989 nicht nur sein eigenes Highlight, sondern demonstrierte einmal mehr, dass er zu den besten Kletterern seiner Generation zu zählen ist.

Patrick Edlinger

beitrugen, dass die Free-Solo-Begehungen im Rahmen der Dreharbeiten realisiert wurden. Letztendlich war aber die Idee schon längst im Herzen geboren. »Mein Ziel war es, eine Route im reinsten Stil zu begehen – und das ist free solo! Zuerst kletterte ich die Route je nach Schwierigkeit ein- bis dreimal mit Seilsicherung, und wenn ich dabei nicht stürzte, wagte ich sie free solo – voll konzentriert, absolut präzise und dabei letztendlich immer auf der Suche nach mir selbst.«

Die französische Antwort auf Free Solo

Patrick Edlinger löste in Europa eine Welle aus. Das Sportklettern etablierte sich, und die Sicherheit des Bohrhakens sprach viele Kletterer an. Trotzdem gab es aber kaum einen Spitzenkletterer, der nicht auch gelegentlich eine schwierige Route seilfrei durchzog. Das lässt sich damit erklären, dass das alpinistische Erbe in vielen Köpfen noch weiter existierte und der Hang zum Abenteuer nach wie vor die Welt des Kletterns durchdrang.

Langsam machte sich in Europa eine gewisse Trennung zwischen den Alpinkletterern einerseits und den Sportkletterern andererseits bemerkbar. Es ist nicht leicht, eine scharfe Trennlinie zwischen den kurzen harten und den langen Routen zu ziehen, schließlich verliefen beide Entwicklungen parallel, und oft genug waren die Akteure auf beiden Feldern unterwegs. Aber meist waren es doch die Spezialisten, die den Schwierigkeitsgrad vorantrieben, und darunter vor allem diejenigen, die ausschließlich auf kurzen Routen unterwegs waren. Sportkletterer ohne alpine Ambitionen, die aber ihr Können auch ungesichert zeigen konnten und wollten.

Die Höchstschwierigkeiten beim Sportklettern explodierten, ebenso das, was ohne Seil und doppelten Boden realisiert wurde. Erstaunlich ist, dass es jeweils nur kurz dauerte, bis der im Freiklettern erreichte Grad auch free solo gemeistert wurde. Gerade wurde in Frankreich der Grad 8a geklettert, als Jean-Baptiste Tribout mit »Chimpanzodrome« (IX+) die erste 7c+ free solo beging. Klar, wenn man eine Route rein zum Training immer wieder durchsteigt, hat man irgendwann das Gefühl, sie zu beherrschen. Dann kann man gut und gern auch mal ohne großen Stress auf das Seil verzichten, vor allem, wenn wie im Fall von »Chimpanzodrome« weder die Route besonders hoch noch die Schlüsselstelle allzu weit über dem Boden ist. Erstaunlich war es dann aber doch, dass 1985 ein blutjunger Antoine Le Menestrel während einer Englandreise kurzerhand »Revelations« (X–/8a+) free solo abknipste und damit nicht weniger

als die damals schwierigste Route der Insel! Tatsächlich stellte sie damals einen Standard dar, der auf dem absoluten Topniveau der Welt lag – es gab nur eine knappe Handvoll Routen mit höherer Bewertung. Le Menestrel sagte später: »Die Routen, die ich damals free solo kletterte, riefen mich zu sich. Ich ging hin und hatte das Gefühl, sie einfach machen zu müssen. Dann kam der richtige Zeitpunkt, und alles war sehr einfach.« Wohl genau so lief es bei »Revelations« – keine geplante Aktion, vielmehr eine spontane Entscheidung, und schon war Antoine Le Menestrel in der Route, kletterte sie, stand oben.

Im Unterschied zu John Bachar war aber keiner dieser Protagonisten ein ausgewiesener Free-Solo-Kletterer, der immer und immer wieder ohne Seil in der Senkrechten anzutreffen gewesen wäre. Als der Amerikaner Scott Franklin 1986 für »Survival of the Fittest« (IX+/5.13a) den kompromisslosesten Stil suchte, war das für ihn eben auch nur ein Highlight, mit dem es aber dann auch wieder gut war. Selbst Patrick Edlinger als einer der profiliertesten Free-Solo-Kletterer war im Vergleich zu Bachar nur sehr wenig seilfrei unterwegs. Highlights sollten es eben sein, dafür aber mit vollem Einsatz. Für Patrick Edlinger kam dieser Höhepunkt im Jahr 1989, als er die klettertechnisch höchst delikate »Orange mécanique« (X–/8a) free solo kletterte.

In erhabener Position steht im südfranzösischen Klettergebiet Cimaï diese wunderschöne und wie mit einem Messer abgeschnittene Wand. Mag diese Begehung in jenem Moment von der Schwierigkeit zwar keinen neuen Horizont eröffnet haben, so ist die Route vom Anspruch und von der Exposition her gesehen ein Glanzlicht auf einem bis zu diesem Zeitpunkt noch nicht

Antoine Le Menestrel während einer Vorstellung des »Flying Carousel«.

erreichten Niveau geworden. Denn es ist eben doch ein Unterschied, ob im Falle eines Sturzes die Konsequenzen hundertprozentig fatal sind oder ob eventuell die Möglichkeit besteht, das Ganze doch noch zu überleben. Bei »Orange mécanique« stellt sich diese Frage nicht, hier ist die Konsequenz eindeutig tödlich.

Noch näher am Harakiri unterwegs war aber damals schon ein anderer, der die Entwicklung für lange Zeit dominieren sollte: Alain Robert. Der Franzose drückte es klar aus: »Ich ziehe ein kurzes und intensives Dasein einem langen und langweiligen Leben vor. Soloklettern ist für mich Lebensphilosophie und kein Sport. Ich liebe das Abenteuer und die Ungewissheit. Beim Klettern ohne Sicherung gibt es nie eine absolute Sicherheit. Das fasziniert mich! Ein Selbstmörder bin ich nicht, aber in gewissem Sinn ein Spieler. Ich spiele mit dem Leben. Und mit dem Tod!« Anfang der Neunzigerjahre wagte sich Alain Robert in neue Dimensionen vor. Der untere zehnte Grad wurde schon einige Jahre zuvor von einer Handvoll Kletterern ungesichert angegangen. Alain Robert jedoch bewegte sich in Grenzbereichen, wo unsichere Dynamos und abschüssige Reibungstritte nicht mehr wirklich hundertprozentig kontrolliert werden konnten.

Dabei hatte Alain Robert in seinem Leben seinen Schutzengel schon mehrmals strapaziert. Abgesehen von einigen Fast-Abstürzen in schweren Free Solos hatte er drei haarsträubende Unfälle hinter sich gebracht. Den ersten im Januar 1982: Beim Ablassen riss die Seilschlaufe, durch die er sein Seil laufen ließ – ein folgenschwerer Anfängerfehler. Er fiel volle 15 Meter. 30 Minuten Bewusstlosigkeit, gebrochene Handwurzelknochen, gebrochenes Fersenbein und eine schwere Infektion, die ihm fast eine Fußamputation einbrachte, waren die Folge. »Ich war ein klein wenig zerstört und verbrachte mit drei Operationen eine gute Weile im Krankenhaus. Ich war nicht wirklich glücklich über meinen Unfall, aber es hätte schlimmer enden können. Ja, ich war eben noch ziemlich jung …« Er brauchte seine Zeit, um die Krücken loszuwerden und wieder an den Fels zurückzukehren, insgesamt vier Monate.

Gerade in dem Moment, als er sich langsam wieder in Schwung brachte, kam acht Monate nach dem ersten der nächste Unfall. Wiederum stürzte er 15 Meter, als sich beim Abseilen ein Knoten löste. Kaum dem Krankenhaus entronnen, war er schon wieder drin, von den gleichen Ärzten und Schwestern versorgt. Mit gebrochenen Händen und Armen und einer satten Schädelfraktur verbrachte er fünf Tage in der schwarzen Leere eines tiefen Komas. »Während Patrick Edlinger mit seinem Film ›Leben an den Fingerspitzen‹ gerade voll den Medien-Hype kreierte, hing ich vollgepumpt mit Medikamenten in meinem Krankenhausbett.«

Den Kletterunfällen zum Trotz kehrte Alain Robert wieder an den Fels zurück, und das mit einem erstaunlichen Wechsel seiner Einstellung zum Klettern. »Die Unfälle passierten beim Ablassen und beim Abseilen, nicht während des Kletterns selbst. Beide Male versagte das Seil, die Sicherung – meine Verbindung zum Leben. Ist die Tatsache, dass ich zweimal vom Seil im Stich gelassen wurde, vielleicht der Grund, warum ich von diesem Zeitpunkt an mein Leben nicht mehr dem Seil, sondern nur noch meinen Fingerspitzen anvertraute? Ich habe nicht die geringste Ahnung, aber wenn ich darüber nachdenke, könnte dies eine mögliche Erklärung sein.«

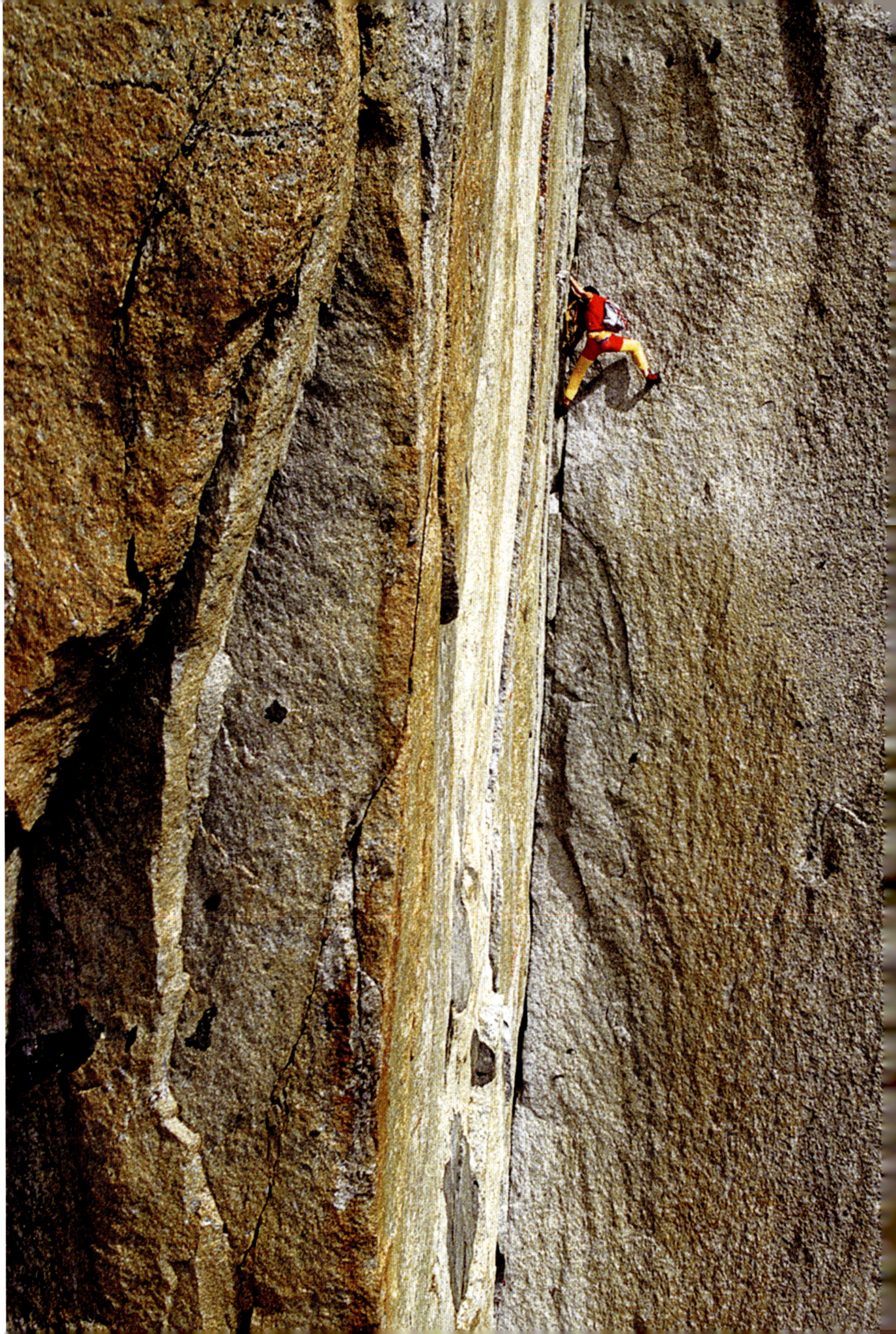

Der französische Spitzenalpinist Christophe Profit kletterte 1982 die »Directe américaine« (VII+/6b+) am Petit Dru free solo – mit der kleinen Einschränkung, dass er gezwungenermaßen am Seilzugquergang oberhalb der berühmten 90-Meter-Verschneidung ein fixiertes Seil benutzte, um diese unkletterbare Passage zu überwinden. Trotzdem ist diese Begehung ein absoluter Höhepunkt in der Klettergeschichte. Das Bild zeigt eindrucksvoll, wie verloren Christophe Profit in der 90-Meter-Verschneidung wirkt.

Christophe Profit vor dem Aufbruch in die 1000 Meter hohe Westwand des Petit Dru.

Die Ärzte gaben ihm eigentlich keine Chance, jemals wieder zu seinem geliebten Sport zurückkehren zu können. Alain Robert interessierte sich nicht für das, was die Ärzte sagten, und Ende 1984 war er endlich dort, wo er hinwollte. Die ersten Free Solos fielen, und er war in seinem Element. Mit seiner Begehung der berühmten Route »Rêve du papillon« (X–/8a) in Buoux schob er sich 1990 erstmals ins Rampenlicht, und das war erst der Auftakt.

In den folgenden zwei Jahren sammelte er ganze zehn Sportkletterrouten in diesem Schwierigkeitsbereich und war damit weltweit einsame Spitze. Erst recht, weil er in Routen einstieg, die als schwer kontrollierbar galten. Mit »La nuit du lézard« (X–/8a+) erreichte er ein bis zu diesem Zeitpunkt noch nicht erreichtes Niveau, nicht unbedingt in Sachen Schwierigkeiten, sehr wohl aber in Sachen Commitment.

Alain Robert bei der Free-Solo-Begehung der Route
»La nuit du lézard« (X–/8a+).

Alain Robert

Alain Robert
»La nuit du lézard«

Am Tag vor dem Durchstieg kamen langsam die Nerven in Bewegung, und ich begann nervös zu werden. Ich wusste, dass ich es schaffen konnte, aber ich war mir scheinbar doch nicht ganz sicher, ob es dann tatsächlich reibungslos ablaufen würde. Es war mir dabei sehr wohl bewusst, was ein kleiner Fehler bedeuten würde. Ich wanderte rastlos daheim hin und her und entschloss mich irgendwann, Laurent Belluard anzurufen. Ich wollte ihm, dem Fotografen, der mich bei diesem Unternehmen begleiten sollte, Bescheid geben, dass es eventuell sein könnte, dass ich noch am Einstieg alles platzen lassen würde.

Ich rief ihn an diesem Tag sogar dreimal an, nur um ihm jedes Mal mitzuteilen, dass er im schlimmsten Fall – wenn ich einen Rückzieher machen würde – die ganze Strecke von Grenoble nach Buoux umsonst gefahren wäre. Ich wollte gefühlsmäßig bis zum letzten Moment Herr über den Ablauf des Geschehens sein. Mein Leben ist mir mehr wert als diese Paar Fotos, auch wenn wir beide, der Fotograf und ich, natürlich hofften, am Ende des Tages ein paar spektakuläre Bilder in den Händen zu halten. Offensichtlich war Laurent aber die Ungewissheit bewusst, und er schien meine Gedankengänge nachvollziehen zu können.

In diesem Zustand fuhren wir dann am nächsten Tag alle zusammen nach Buoux. Mit dabei waren meine Frau Nicole, die darauf bestand, mit unseren zwei Jungs Julien und Lucas mitzukommen, und natürlich auch Laurent Belluard, der den Auftrag hatte, die Begehung mit seinen Aufnahmen zu verewigen. Schon während der Fahrt war ich in meiner eigenen Welt versunken und wiederholte ein ums andere Mal die Züge der drei Schlüsselsequenzen vor meinem inneren Auge. Ein dynamischer Zug nach dem ersten Drittel der Route, ziemlich knapp mit meiner Größe. Dann, auf halber Höhe, ein Überkreuzzug am Limit meiner Reichweite. Um ehrlich zu sein, machte mir dieser Zug sogar noch mehr Sorge als der Schlüsselzug am Ende der Route, wo ich schon mehr als einen Spitzenkletterer abgehen sah. Dabei war auch diese letzte Sequenz für mich sehr spannend, weil ich vom letzten Trittloch den abschließenden Aufleger nicht erreichen konnte. Stattdessen musste ich beide Füße auf sehr bescheidene Reibungsdellen stellen, erst dann erreichte ich mit der rechten Hand diesen abschüssigen Griff. Dann folgten ein Klimmzug, nichts zum Steigen, und endlich für die linke Hand ein Henkel – die Erlösung, wenn ich so weit kommen sollte. Also kein Spaß!

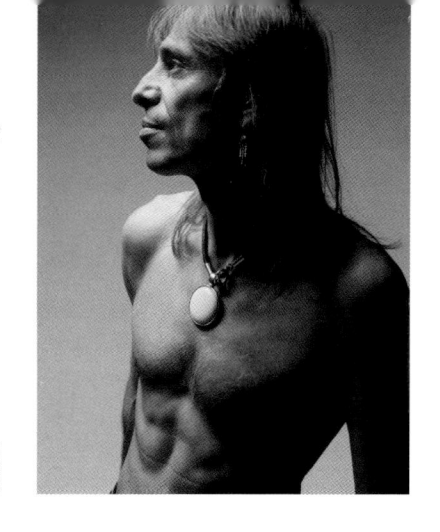

Nach eineinhalb Stunden Fahrt erreichten wir Buoux. Ich stieg aus dem Auto und musste ehrlich darum kämpfen, die Kontrolle über mich selbst nicht zu verlieren. Zehn Minuten später kamen wir an die Wand. Große Überraschung – die Route war besetzt. Ein Kletterer bearbeitete die Route, offensichtlich dem Ganzen nicht gewachsen. Die Minuten zogen vorbei, und langsam, aber sicher wanderte die Sonne weiter. Wenige Minuten bevor die Sonne begonnen hätte, endgültig in die Wand hineinzubrennen, riskierte Laurent den Versuch, ihn zu einer Pause zu überreden, und versprach, dass es nicht lange dauern würde. Schließlich machte er den Weg frei, nicht ohne seinen Widerwillen zu zeigen. Ich dagegen hatte meine ganz eigenen Sorgen, denn ich wusste, dass es nur noch eine Frage von Minuten sein würde. Noch war die Route im Schatten, noch war es schön kühl, aber in weniger als 45 Minuten würde alles in der Sonne, alles zu spät sein.

Zum Aufwärmen kletterte ich »La nuit du lézard« mit Seil, von meiner Frau Nicole gesichert. Ich wollte noch einmal die drei schwierigen Stellen der Routen spüren. Auf gewisse Art ist das ein ganz guter Test, gerade weil die letzte Sequenz ziemlich kompliziert und eher von der unsicheren Seite ist. Das ist der Grund, warum eine schwierige Route mit athletischem Charakter im Free Solo oft einfacher ist als eine leichter bewertete Route mit schlechten Griffen und Tritten. Nach und nach ging ich die drei Schlüsselstellen der Routen durch, während Laurent mit dem Fixieren des Seiles in der Nachbarroute »Cauchemar de l'éléphant« beschäftigt war, einer 8a, die ich erst kurz zuvor free solo geklettert war.

Ich bin fertig! Wieder am Boden, binde ich mich vom Seil los, spreche noch kurz mit Nicole und meinen Kindern. Ich bin ruhig und bereit. Ich sitze auf meinem kleinen Teppich und gehe im Geist ein letztes Mal die einzelnen Züge durch. Nicole zeigt mit dem Daumen nach oben – es braucht keine Worte. Meine beiden Jungs spielen einfach weiter, was mich sogar noch bestärkt: Das Leben geht weiter!

Dann stehe ich auf, und ohne weiteres Zögern steige ich ein. Ich weiß, dass ich bis zur ersten Stelle schnell und präzise klettern muss. Dann der dynamische Zug, eine Stelle, an der ich es mir nicht leisten kann zu zögern. Ich gebe alles, und meine zwei Finger graben sich in dieses kleine, nicht allzu gute Loch hinein. Alles perfekt. Ich genieße es schon fast und bin sogar so entspannt, dass ich neben mir Laurent wahrnehme, der jede Menge Fotos macht. Langsam, Zug um Zug, mache ich mich auf dem Weg zur berühmten zweiten Stelle. Für mich die eigentliche Crux! Jetzt bin ich ein wenig angespannt, aber gleichzeitig auch sehr entschlossen. Ich sortiere Zeige- und Mittelfinger in das Loch ein, ein schlechter Tritt für den linken und nichts für den rechten Fuß – ich ziehe durch, weit hinauf zu einem Zwischengriff und noch weiter in Richtung Erlösung. Erleichterung nach den Momenten der Anspannung! Als ich den Motor der Kamera höre, was bedeutet, dass gerade ein Film voll ist und zurückgespult wird, sende ich sogar ein Lächeln in Richtung Laurent. Noch aber ist es nicht vorbei, jetzt folgt eine Serie von Einfingerlöchern hinauf zur Crux, und irgendwie spüre ich mit einem Mal, dass meine Arme ein kleines bisschen müde sind.

Obwohl ich bis zu diesem Punkt in jeden einzelnen Zug alles an Commitment und Konzentration hineingelegt habe, muss ich jetzt das Doppelte geben. Ich atme tief durch, nehme den Schlüsselgriff, ein kleines Zweifingerloch, und setze meine Füße auf diesen extrem unsicheren, abschüssigen Tritt. Ich ziehe mit voller Kraft durch – und gerade in diesem Moment beginnen beide Füße zu rutschen! Eine Millisekunde später spannen sich die Bauchmuskeln, der Rücken, und ich hänge einzig und allein an meinen Fingerspitzen. Für Bruchteile einer Sekunde ist unklar, in welche Richtung es geht … Die Anspannung ist extrem, für Angst aber bleibt keine Zeit. Ich fange den Körper ab, ziehe mich mit aller Kraft und ganzem Willen nach oben, hin zum rettenden Griff. Nur noch Zentimeter, Millimeter – und ich habe ihn in der Hand! Ich rolle mich über den Ausstieg hinauf, raus aus der Wand. Ich habe es geschafft! »La nuit du lézard« hat sich ergeben!

»Das ist der Wahnsinn, Laurent! Ich hab's gemacht!«, schreie ich meine Freude hinaus, zu meiner Frau, zu meinen Kindern. Laurent erzählt mir, dass er sogar meine Füße von den Tritten rutschen sah. Nachdem nur wenige Sekunden zuvor der Film in der Kamera zu Ende ging und zum Wechseln des Films die Zeit fehlte, konnte er nichts anderes tun, als zuzuschauen. Ich fühle mich wie der glücklichste Mann auf Erden. Ich hatte einen Traum, ich hatte ein Ziel, und jetzt habe ich es erreicht!

Das Gefühl ist fantastisch. Vielleicht aus dem Grund, weil es eine Art von Abenteuer ist, in dem Momente der

Free-Solo-Klettern par excellence bieten die Wände der Verdonschlucht. Perfekter, fester Fels, unheimliche Exposition, schöne Routen – hier stimmt einfach alles. Alain Robert zelebriert seine Kunst in »L'Ange en décomposition« (VIII/7a).

Unsicherheit mit Momenten des Selbstvertrauens ständig wechseln, und dieser Wechsel mental so unheimlich anstrengend ist. Genau das ist es aber, was mich zum Free-Solo-Klettern treibt! Zu wissen, dass das Leben an den Fingerspitzen hängt, bedeutet viel und sogar noch viel mehr, wenn man an seine Grenzen geht. In der Lage zu sein, in verzweifelten Situationen konzentriert zu bleiben und kämpfen zu können, heißt, sehr viel über sich selbst zu lernen. Wenn du solche Momente erlebst, dann realisierst du, wie wertvoll und schön das Leben ist, und deswegen gibst du auch dein Bestes, um am Leben zu bleiben!

Vielleicht ist es eine Sucht, aber wenn ich recht darüber nachdenke, gab es für mich nie einen wirklichen Zwang, free solo zu klettern. Es war immer mein freier Wille. Als ich jung war, hatte ich vor praktisch allem Angst, speziell vor der Höhe. Mein Traum war es, ein mutiger Mann und ein Kletterer zu werden. Anstatt es für ewig einen Traum sein zu lassen, hatte ich irgendwann für mich entschieden, meinen größten Feind zu meinem besten Freund zu machen – und ich habe dieses Ziel erreicht! Immer schon spürte ich, dass Klettern ein Leben erfüllen kann. Nicht nur als Sport, sondern als mehr, als so etwas wie eine Lebensphilosophie. Nach meinen Unfällen wusste ich sogar immer mehr, wie wichtig das Klettern für mein Leben ist. Ich hatte keine Ahnung, ob ich je wieder schwierige Routen klettern könnte, aber das war auch nicht die zwingende Absicht. Ich kämpfte, und letztendlich schaffte ich es, in mein Leben zurückzukehren. Zu meiner Überraschung war ich am Ende sogar fitter als je zuvor. Ich erreichte meine Ziele nicht, weil ich es tun musste, sondern weil ich es wollte, weil Klettern mein Leben ist. Mir ist klar geworden, dass für mich das Klettern zu meinem Leben gehört wie das Atmen, Essen und Trinken!

Der mittlerweile als »Human Spider« bekannte Alain Robert klettert die Fassade des Abu Dhabi Investment Authority Tower. Tausende von Zuschauer beobachten im Februar 2007, wie der Franzose in nur 20 Minuten seilfrei das Dach des 185 Meter hohen Wolkenkratzers erreicht.

Zur Liste der von Alain Robert free solo erkletterten Gebäude gehören der ehemalige Sears Tower in Chicago, die Petronas Towers in Kuala Lumpur, der Eiffelturm in Paris und das Empire State Building in New York City.

The Human Spider

Mit »La nuit du lézard« war für Alain Robert die Mission noch nicht beendet. 1992 folgten nochmals schwierigere Free Solos und vor allem die erste Sportkletterroute im glatten zehnten Grad. Weltrekord! Zuerst gelang ihm dies mit einer Kombination aus drei Routen in Chateaubourg. Eine 8a rauf, eine 7c runter, um kurz über dem Einstiegdach hinüberzuqueren zur nächsten 7b+. »Es war definitiv die erste 8b, die free solo geklettert wurde, und ist, soweit ich weiß, auch heute noch eines der extremsten Solos weltweit.« Im gleichen Jahr setzte Robert nochmals nach und kletterte im südfranzösischen Klettergebiet Omblèze seine eigene Erstbegehung »Compilation« (X/8b) ohne Seil. Wer weiß, wohin sein Weg Alain Robert noch geführt hätte, wenn – ja, wenn nicht der nächste Absturz gekommen wäre.

Grelles, weißes Licht. »Ich muss tot sein«, waren seine ersten Gedanken. Langsam tauchten Roberts Sinne aus dem tiefen Koma auf. »Es gibt eine Leben nach dem Tod!« Dann kam ein Schatten, das grelle Licht war weg: »Er wacht auf!« Alain Robert hatte wieder einmal einen Zehn-Meter-Absturz überlebt! Was war passiert? Er war mit Kletterschülern unterwegs und wollte möglichst eindrucksvoll effiziente Fußarbeit demonstrieren. Er kletterte, ohne Sicherung, mit den Händen auf dem Rücken eine nicht senkrechte, leichte Route. »Und dann fiel ich, vor den entsetzten Augen meiner Schüler. Mein dritter Absturz an genau der gleichen Wand wie der zweite – an der gleichen, beschissenen Stelle!«

Alain Robert, nicht müde, sein Leben immer wieder auf die Beine zu stellen, schlug im Anschluss an seine lange Leidenszeit seinen Sponsoren eine Tournee mit Free-Solo-Begehungen von Sportkletterrouten rund um die Welt vor. Vom Free Solo waren die Sponsoren überzeugt, von den Felsen nicht. Sie bevorzugten Hochhäuser. Diese Hochhäuser wurden Alain Roberts zweites Leben. »Das Ambiente, an einer Glasfassade zu klettern, ist fantastisch. Die Routen sind extrem lang und anstrengend.« Seit dieser Zeit klettert der Franzose auf so ziemlich alles, was in der Welt an Gebäuden herumsteht.

Alain Robert hat Freude an seinem neuen Tun. Es hat etwas mit Illegalität zu tun: Wachtposten werden überlistet, und oben angekommen, wird er oft genug von einem Komitee aus Polizei, Feuerwehr,

Einer der bekanntesten Alleingänger unserer Zeit ist der Schweizer Ueli Steck. Im Sommer 2004 kletterte er free solo durch die 350 Meter hohe »Excalibur« (VII) an den Schweizer Wendenstöcken.

Sicherheitspersonal und Journalisten empfangen. Mit seiner »Spezialdisziplin« steht er heute im Rampenlicht internationaler Medien und hat als »The Human Spider« einen Namen von Weltformat.

Ein weiterer Name, den man in den letzten Jahren immer häufiger in der alpinen Literatur finden konnte, ist Ueli Steck. Der Schweizer kletterte im Sommer 2004 free solo durch die 350 Meter hohe »Excalibur« (VII) an den Wendenstöcken im Berner Oberland. Dabei ist er kein ausgewiesener Spezialist im Free-Solo-Klettern, sondern vielmehr ein Allrounder, der in vielen verschiedenen Disziplinen des Alpinismus aktiv ist.

Als Alleingänger gelangen ihm Speed-Rekorde an den Nordwänden von Grandes Jorasses, Matterhorn und Eiger. Dabei kombinierte er das Soloklettern in den großen Wänden der Alpen mit Geschwindigkeit und initiierte einen neuen Trend.

Spektakulär sind auch seine Erfolge als Alleingänger im Himalaja, wo er 2005 unter anderem solo durch die Tawoche-Ostwand (6501 m) und die Cholatse-Nordwand (6440 m) kletterte.

Ein Moment des In-sich-Kehrens. Ueli Steck kurz vor dem Einsteigen in »Excalibur«.

Seite 86/87: Chillen auf Spanisch ...

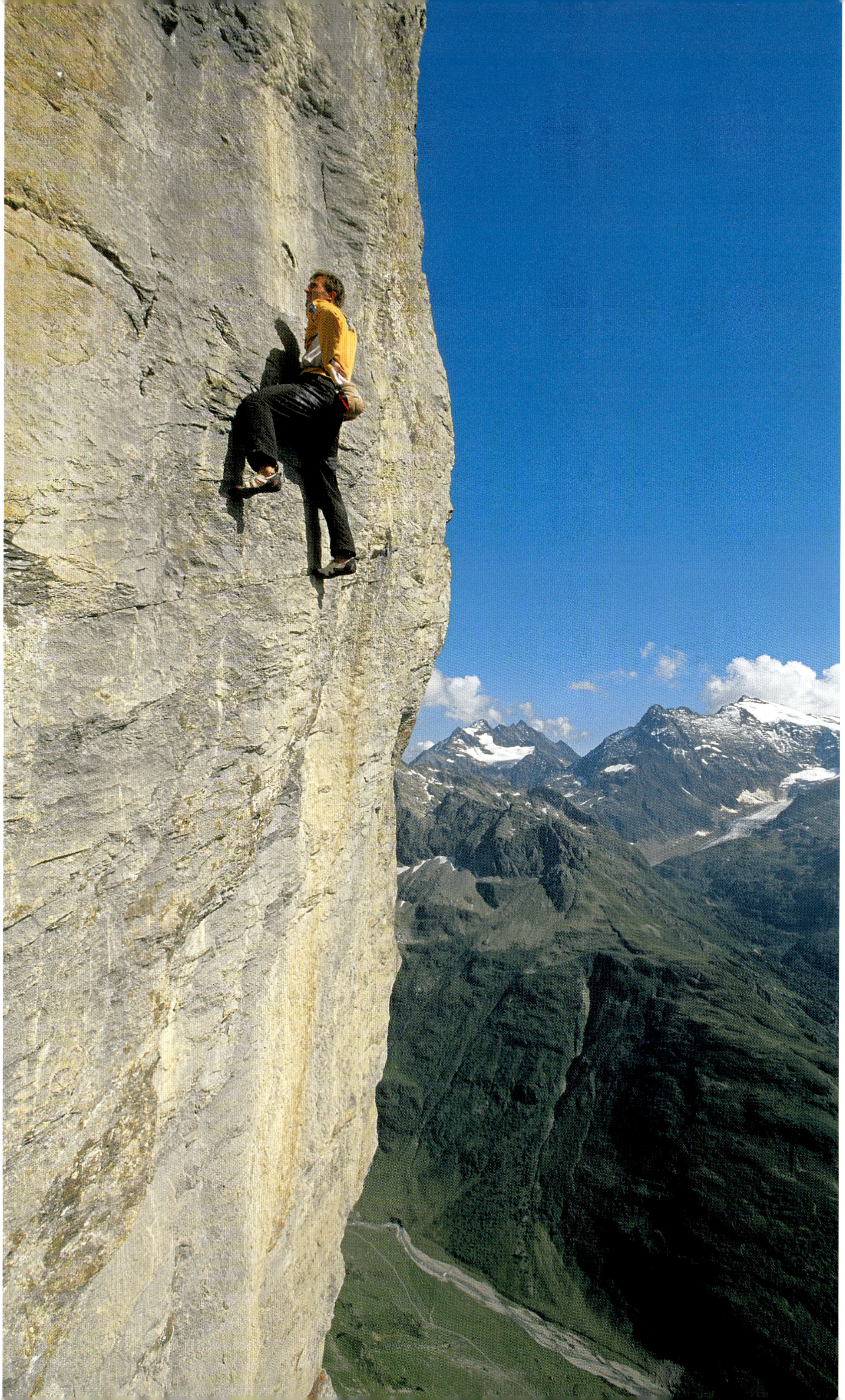

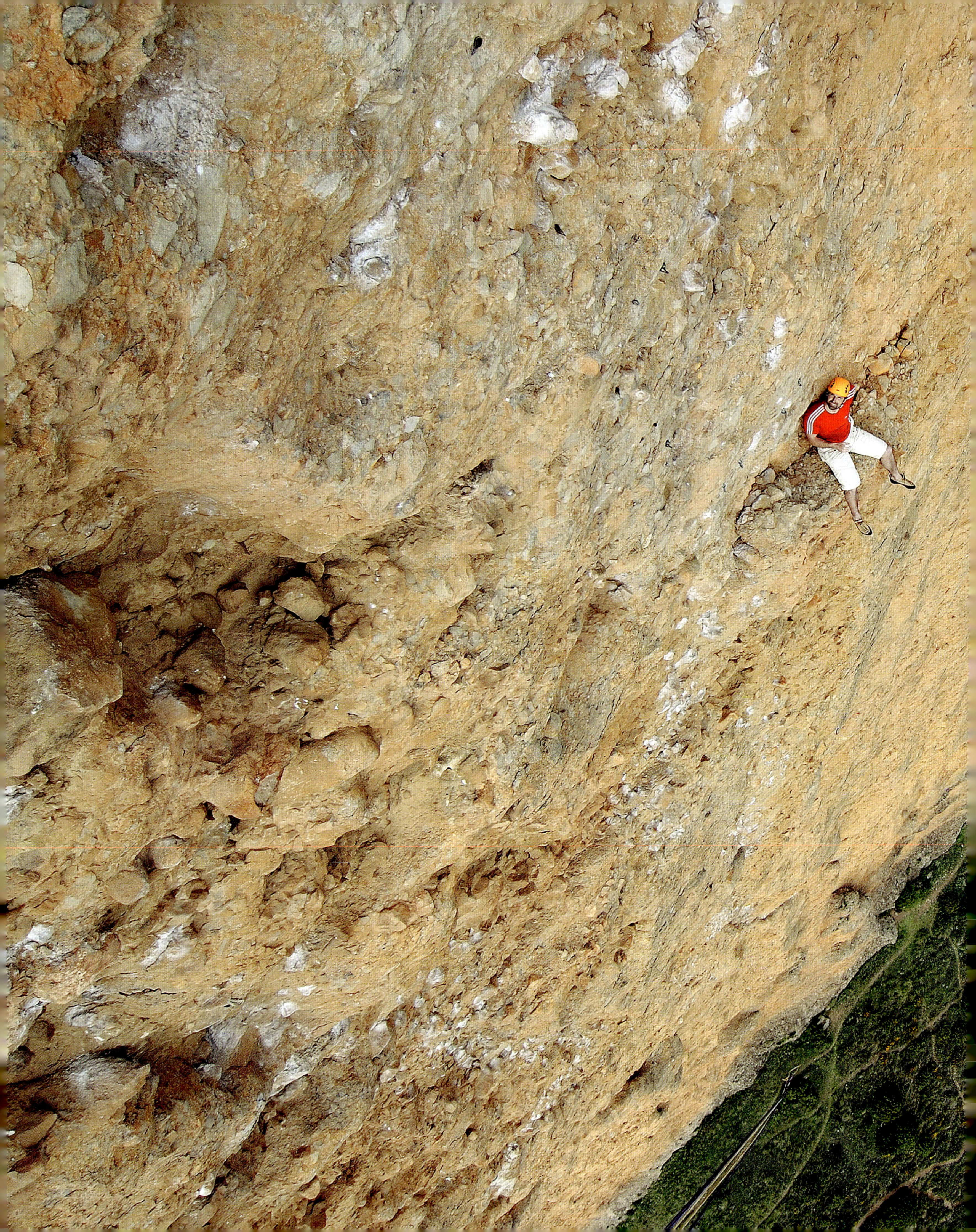

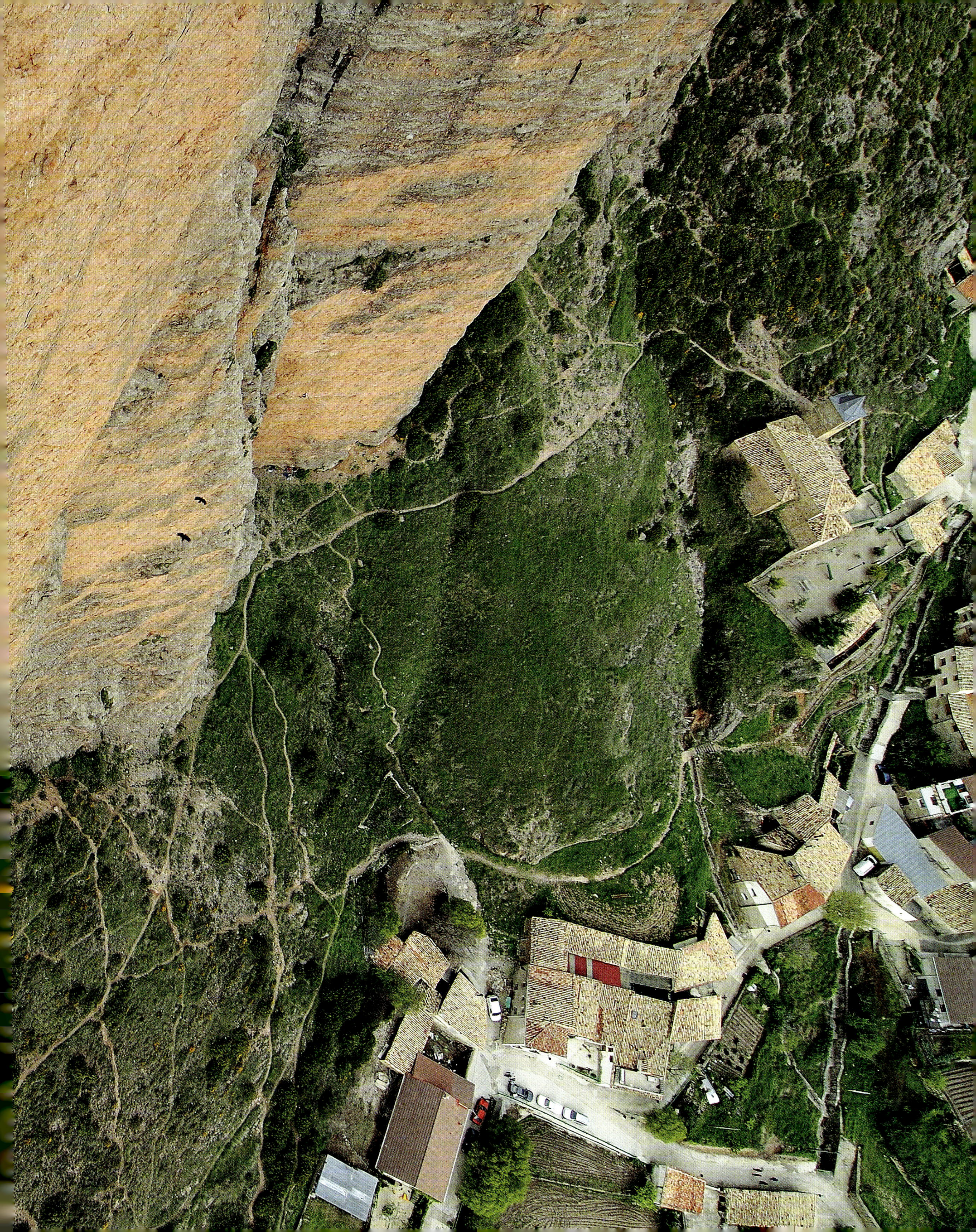

Los Mallos de Riglos

Es gibt nur wenige Orte in der Kletterwelt, die auf mich einen ähnlich bleibenden Eindruck hinterlassen haben wie das kleine Dorf Riglos unter den senkrechten und überhängenden Wänden der Mallos. Zwischen den großen Städten Pamplona und Saragossa stehen diese wilden Konglomerattürme eingebettet in die letzten Ausläufer der Pyrenäen. Nicht mehr als 100 Meter sind es von der Kirche des Dorfes zum größten Turm, dem Mallo Pisón. Mit seiner 250 Meter hohen, durchgehend überhängenden Wand vermittelt er einem dasselbe Gefühl, das man bekommt, wenn man unter den Nordwänden der Drei Zinnen steht. Die sonnendurchfluteten Konglomeratwände sind zwar nur halb so hoch wie ihre berühmten Schwestern in den Alpen, aber garantiert nicht weniger steil. Die Mallos sind die iberische Version der Dolomiten.

Tatsächlich sind die Mallos eine für das Tal des Ebro charakteristische geologische Formation. Die massigen Türme und dünnen Felsnadeln bestehen ausschließlich aus Konglomerat. Ein Sammelsurium von großen Felsbrocken, mittelgroßen Steinen und kleinen Kieseln, eingebacken in eine Mischung aus Sand, Ton und einem kalkartigen Bindemittel. Manche der eingeschlossenen Brocken sind so groß, dass sie bis zu einem Meter aus der Wand ragen. Ich kenne keine andere Wand, in der man sich mitten im überhängenden Gelände, wie auf einem Sattel, freihändig auf einen Stein setzen könnte. In der »Fiesta de los biceps«, der berühmtesten Route der Mallos, gibt es dazu mehr als nur eine Gelegenheit.

Klar, dass so berühmte Wände wie die der Mallos wie ein offenes Buch von der Entwicklung des spanischen Kletterns erzählen, von der Eroberung der großen Mallos, aber vor allem von der Eroberung der auf 80 Meter frei stehenden Felsnadel in der Wand des Mallo Pisón: El Puro, das Wahrzeichen von Riglos. Ende der Vierziger- und Anfang der Fünfzigerjahre wurde in Spanien um diesen Gipfel fast so gerungen wie seinerzeit um die Eiger-Nordwand. Es gab Tote, es folgte ein offizielles Kletterverbot an den Mallos, an das sich selbstverständlich keiner hielt, und 1953 wurde der schwierigste Gipfel der Iberischen Halbinsel erobert.

Über die Jahre verewigten sich viele der großen Namen der spanischen Kletterwelt in den Wänden der Mallos. Alberto Rabadá und Ernesto Navarro, bis zu ihrem Tod in der Eiger-Nordwand die erfolgreichste spanische Seilschaft der Fünfzigerjahre, Josep Manuel Anglada oder

Links: Die Mallos de Riglos sind extrem beeindruckende, steile Konglomeratwände an den südlichen Ausläufern der Pyrenäen.

Rechts: Unten die Zivilisation, darüber die Ausgesetztheit der durchgehend überhängenden Wände. Das Klettern in den Mallos de Riglos lebt vom Kontrast. Im April 2009 kletterte ich die 250 Meter hohe »Murciana« (VII+/6c) free solo.

»El Murciano« Miguel Ángel García Gallego – die Mallos spiegelten immer genau den Stand der Dinge in Spanien wider.

1989. Wieder schafften es die Mallos, die Aufmerksamkeit der Kletterwelt auf sich zu lenken. Und dieses Mal nicht nur auf nationalem Niveau. Weltweit staunte man über den 22 Jahre jungen Carlos García. Nicht über seinen spanischen Meistertitel im Wettkampfklettern … Er machte etwas, was viel interessanter war als irgendein Platz auf einer Rangliste: Er kletterte free solo durch die weltberühmte Route »Fiesta de los biceps« (VIII–/7a).

Die 220 Meter hohe Wand des Visera ist mit ihrem steilen und bombenfesten Fels prädestiniert zum Free-Solo-Klettern. Durchwegs große Griffe, keine komplizierten Kletterstellen – diese Wand ist der zu Stein gewordene Klettertraum. Die Bilder, die um die Welt gingen, zeigen eine phänomenale Ausgesetztheit, in der man noch keinen Kletterer free solo gesehen hatte. García eröffnete eine neue Dimension.

Drei Jahre später setzte er mit der Free-Solo-Begehung von »Zulu Demente« (VIII/7a+) noch eins drauf – noch höhere Schwierigkeiten, mit einem noch ausgesetzteren Finale. Während die gesamte Route bis zur letzten Seillänge zwar in einem steilen, aber recht moderaten Kartoffelacker verläuft, werden gerade im letzten überhängenden Meter die Griffe entschieden kleiner.

Carlos García
TRÄUME VON DER FREIHEIT

Der rastlose Geist schmiedet wieder einen neuen Traum, für viele Wahnsinn, für einige wenige eine Heldentat und für die anderen eine Kunst.

Am Wochenende ein Wettkampf, dann kurz zu Hause und jetzt auf dem Weg nach Riglos – ich werde mir meinen neuen Traum erfüllen. Ich werde an diesem Wahnsinn teilnehmen, bei meiner ganz persönlichen »Fiesta«. Ich bin kein Freund von überlaufenen Festen, deswegen bin ich bei meinem Fest der einzige geladene Gast. Und der Ort ist geradezu perfekt dafür. Einer meiner Brüder begleitet mich. Er weiß, was im schlimmsten Fall zu tun ist. Ohne große Worte.

Es ist Mittag, und die leere Straße sagt mir, dass gerade alle beim Essen sind. Jeden Tag das Gleiche – das ist unsere Kultur! So kann ich parken, ohne dass uns jemand bemerkt. Die Sonne heizt die Mallos auf: riesige, rote Felskolosse am Tag, dunkle, schwarze Geister in der Nacht. Erhaben wie die Götter unserer Welt, groß und ästhetisch zugleich. Vom Regen gezeichnet, von der Sonne verbrannt, vom Wind gerundet, vom Menschen beklettert, bewachen die Mallos mit ihren Geiern den Horizont. Zu den Füßen der Mallos ein Dorf, bewohnt von genügsamen Menschen: Schaf- und Ziegenhirten, Arbeiter mit Gabel und Rechen, mit Hammer und Meißel, mit Pickel und Schaufel … Das ist Riglos.

Vom Dorf zum Wandfuß sind es nicht mehr als 15 Minuten. Konzentration? Entspannung? Unentschlossenheit? Still und mit der Kamera auf der Schulter steigt Ignacio mit mir auf. Ich denke mir: »Was denkt er sich?«

Eine Stunde noch, bis die Wände der Mallos im begehrten Schatten liegen. Währenddessen wärme ich mich auf und bereite mich und meine »Ausrüstung« vor: eine Reepschnur und den Magnesiabeutel, die Kletterschuhe, ein Stirnband und meine dunkle Kletterhose. Die Wand ist verlassen, eine menschenleere, senkrechte Wüste. Sie liegt schon im Schatten und mit ihr meine Route, »Fiesta de los biceps«. Es ist an der Zeit, einzusteigen: »Ruhig Blut!«

Ich hänge an meinen Armen, schaue hinunter in die Leere unter mir, völlig präsent. Ich bin allein, frei, es zählt kein Gott, es gibt keine Hoffnung. Das Geschehene kehrt nicht zurück, und kein Augenblick wird sich wiederholen. Wenn ich falle, wird mich keiner auffangen, wird mich keiner sanft auf den Boden setzen.

Wenn du fällst, dann explodierst du am Boden! Aber man sagt ja ohnehin, dass es keinen Unterschied zwischen Leben und Tod gibt …

Langsam gewinne ich an Höhe, und mit jedem Meter mehr aktiviert die Konzentration einen verborgenen Sinn, diese katzengleiche Intuition. Das kalte Blut erstickt die Angst, der Geist bleibt ruhig.

Feste sind zum Feiern da! Ich spreche mit meinem Freund, dem Fels, setze mich mit ihm auseinander, beklettere ihn. Ein Geier nutzt die Brise, gleitet sanft dahin und beobachtet mich neugierig. Ich frage mich, was er sich dabei denkt. Auch mein Bruder beobachtet mich. Er aber vom Boden aus, mit seinem Fernglas.

Ich klettere, gewinne an Höhe, wachse an mir selbst, lehne mich gegen das Immergleiche, das Althergebrachte auf. Mit meinem Alleingang verwirkliche ich etwas, was gegen die etablierte Norm der Gesellschaft rebelliert. Diese zerstörerische Gesellschaft von Richtern und Henkern,

Das Besondere der Route »Fiesta de los biceps« liegt in ihrer Haltlosigkeit. Die durchgehend überhängende Wand weist auf der ganzen Strecke keinen einzigen Absatz auf, die gesamten 220 Meter wurden von Carlos García in einem Stück geklettert.

Zu dem Zeitpunkt, als Carlos García im Jahr 1989 die »Fiesta de los biceps« (VIII–/7a) free solo kletterte, kannte man noch keine Bilder von vergleichbaren Begehungen. Die Aufnahmen gingen um die Welt und fanden ein staunendes Publikum, das mit weit offenen Augen diese Meisterleistung bewunderte.

welche die Menschen krank macht und zerstört. Die Mutter Erde stirbt, und der Mensch ist es, der sie tötet.

In Gedanke versunken, zieht der Fels an mir vorbei, und mit jedem Meter wächst in mir mein eigenes Ich, wird größer, füllt sich mit grenzenloser Zufriedenheit. Ich fühle mich sicher, und während ich von Griff zu Griff klettere, träume ich meinen Traum von Freiheit.

Fels von rauer Oberfläche, angenehm. Fels, der sich streicheln lässt, der mich verführt, der mich nach oben klettern lässt. Ich überprüfe jeden einzelnen Griff, taste ihn ab, lausche auf seinen Klang, seinen Gesang unter meinen Händen. Unaufhaltsam schreitet die Zeit voran, unaufhaltsam ist der Gang der Dinge – er ist Herrscher über mich und meinen Körper, ist Richter und Henker über mein Leben und meinen Tod, ganz wie es ihm beliebt. Doch er macht mir keine Angst, ich verspüre nicht einmal einen Hauch davon. Für mich ist er ganz einfach ein integraler Bestandteil des Lebens selbst.

Drei, vier, fünf Seillängen … Ich schaue in die Landschaft, hinunter ins Dorf. Ich sehe Javi mit dem Fernglas vor der Tür seiner Hütte sitzen, sehe, wie er meine Bewegungen beobachtet.

Es gibt keinen Platz für Zweifel, keinen Platz für Fehler. Ein Meter folgt dem anderen. Die Stände, einer nach dem anderen, bleiben hinter mir, unter mir. In der achten Seillänge ragt ein großer Stein aus der Wand, groß genug, dass ich mich daraufsetzen und ausruhen kann. Von ihm aus sehe ich, was mich umgibt: der Himmel, die Wolken, die Vögel, der Fluss, die Sonnenstrahlen hinter den Mallos und kleine Punkte – Beobachter einer weiteren, neuen Episode in der Welt des Kletterns.

200 Meter über dem Einstieg in der Schlüsselstelle der »Murciana« (VII+/6c).

Nur noch 30 Meter ... Ich erreiche das Ende, den letzten steilen Meter, atme tief ein und fühle die Tiefe. Ich höre weit entfernt Schreie und Applaus.

30 Minuten Abstieg und Meditation. Ich treffe mich mit meinem Bruder am Einstieg, und zusammen kehren wir zurück in die Welt des Geredes, der Gerüchte, der Kritiken und der Richter über meine Träume von der Freiheit.

Die Menschen betrachten mich mit fassungsloser Neugier. Und ich folge weiter meinen Träumen von der Freiheit.

Seite 94/95: Am Zug hin zur Schlüsselstelle der »Mescalito« (IX+/8a) in Karlstein. Dieser Schlüsselzug ist die klettertechnisch wohl brisanteste Einzelstelle, die ich jemals free solo kletterte.

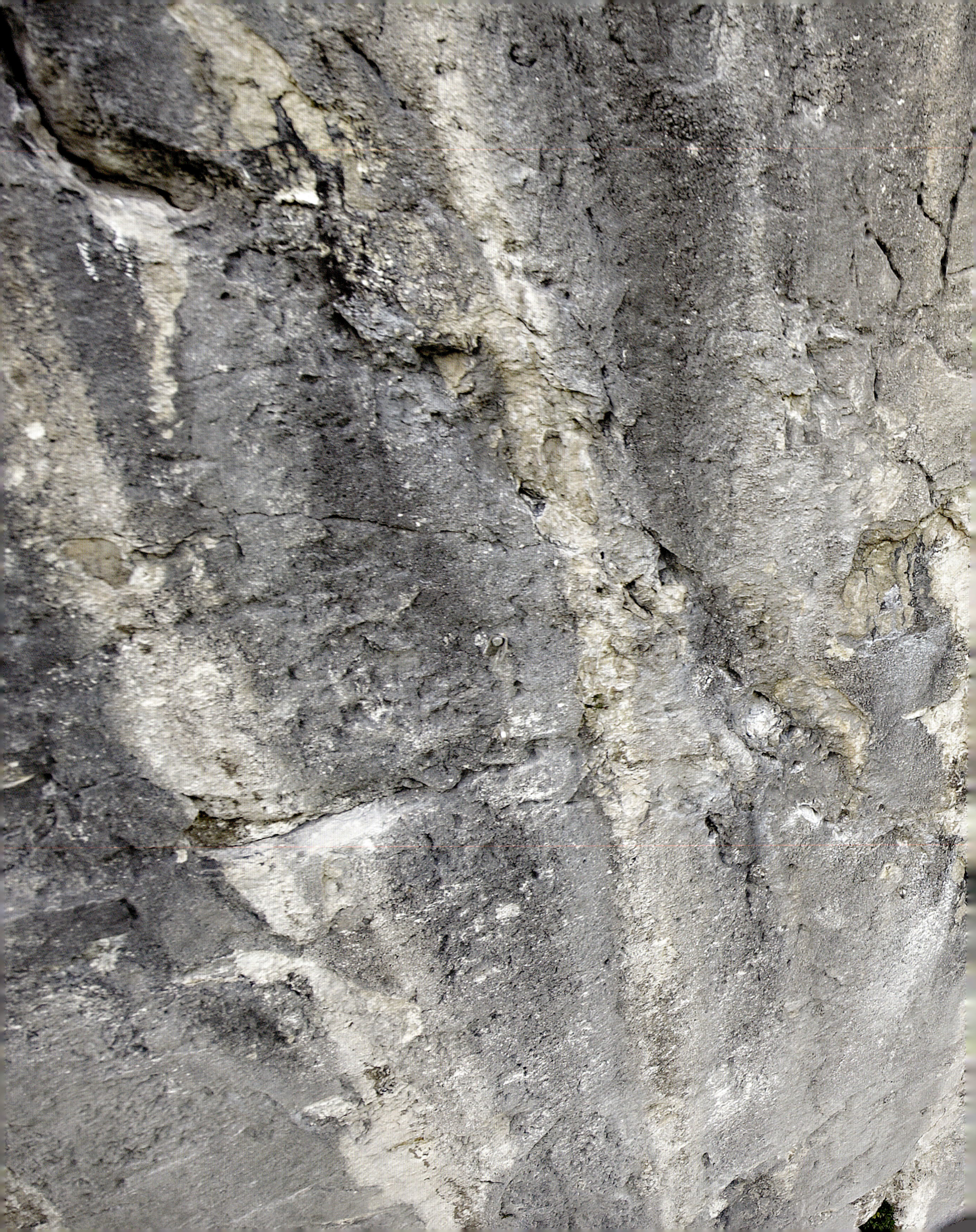

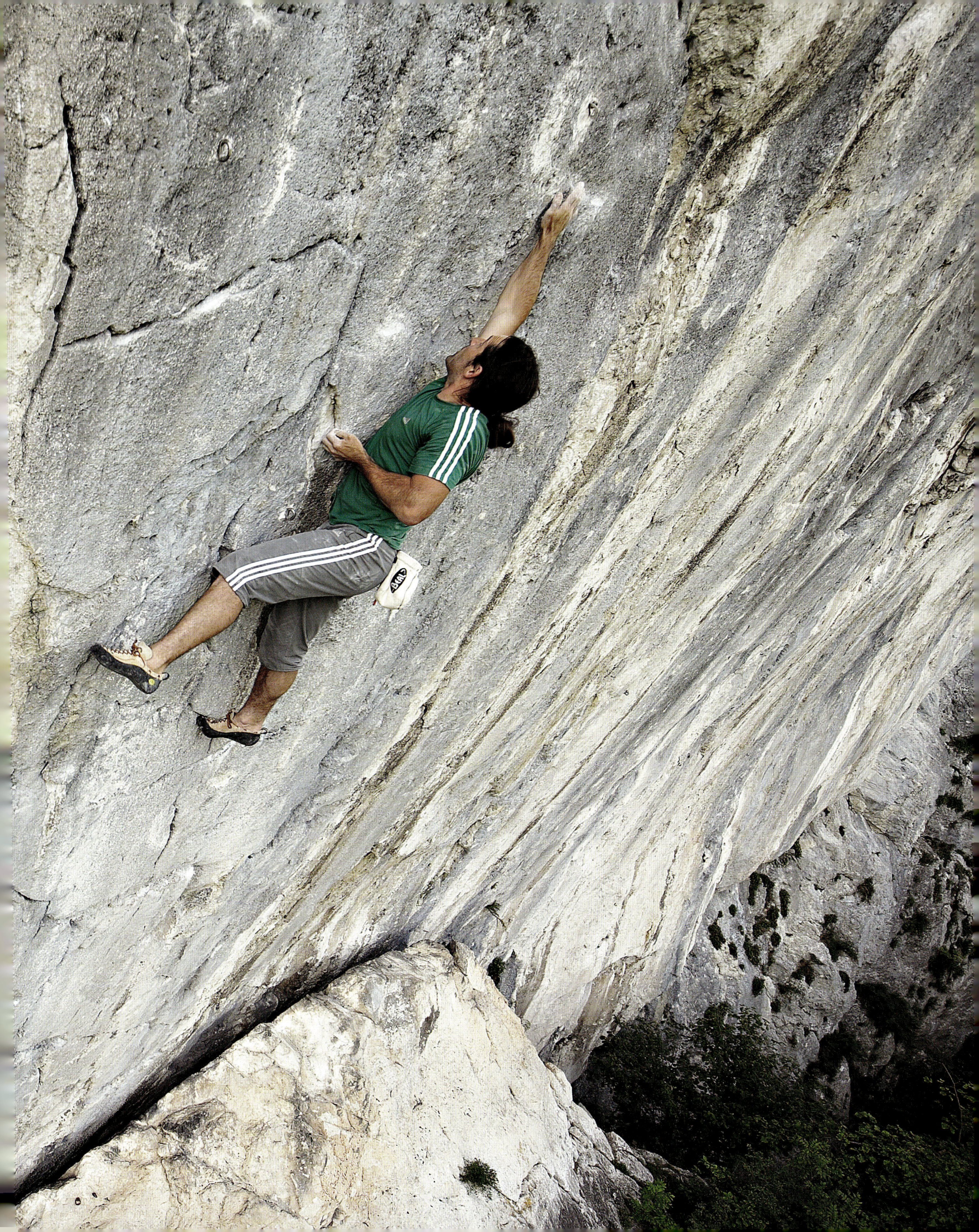

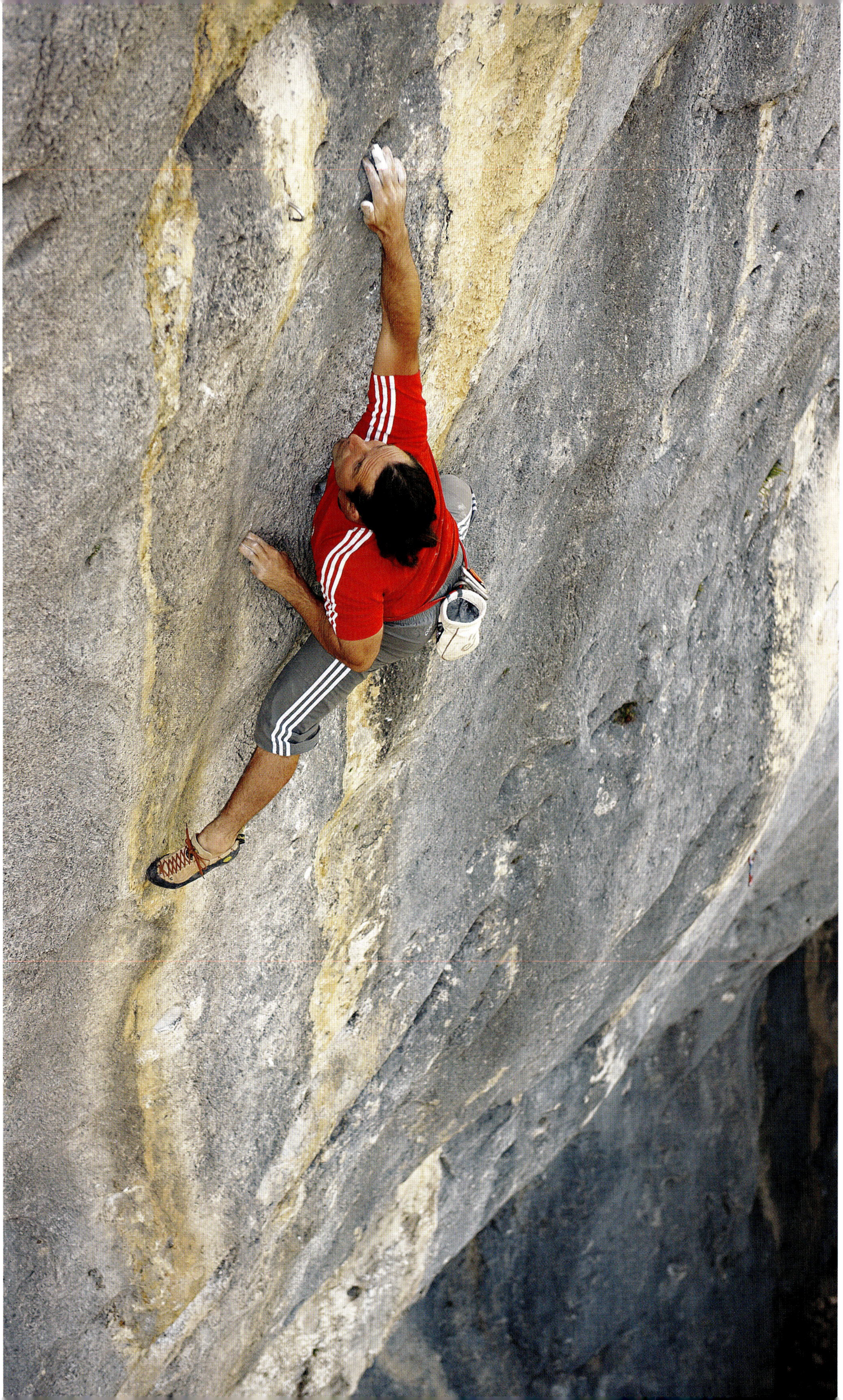

Schon früh begann ich davon zu träumen, als kleiner Mensch völlig frei durch schwierige Wände zu steigen. Noch aber wartete auf mich ein langer Weg, bis ich Routen wie »Aqualung« (IX/7c) am Schleierwasserfall free solo klettern konnte.

Faszination Free Solo

Der Beginn eines langen Weges

Das Free-Solo-Klettern wird einem nicht in die Wiege gelegt. Ich kam nicht auf die Welt und kletterte völlig lebensmüde irgendwelche abgefahrenen Wände hinauf und hinunter. Eher war es schon so, dass meine Eltern in den ersten Jahren gar nichts Außergewöhnliches an mir bemerkten. Baum rauf, Baum runter, das machen alle Kinder, und wir machten es eben auch. Trotzdem waren mein Bruder Thomas und ich alpinistisch in gewissem Sinne vorbelastet. In unserer Familie war Bergsteigen schon immer ein zentrales Thema. Das war für mich das Normalste auf der Welt, und ich ging davon aus, dass das für alle Menschen galt. Der Berg gehört zum Leben und das Leben zum Berg.

Mein Vater ist einer von den Menschen, bei denen der Berg auch im Denken hochgebirgsmäßige Dimensionen einnimmt. Bergsteigen ist für uns Bergsteiger eben nicht irgendein Zeitvertreib, sondern Lebenseinstellung, Lebensweise, Lebensmittelpunkt. Ich kann mir gut vorstellen, dass manchen Kindern das Bergsteigen zu fad ist, für uns war das aber anders. Irgendwie war es am Berg immer spannend. Voll das Abenteuer, kein Märchenpark, sondern ganz echt.

Was die Eltern vormachen, das machen Kinder gern nach. Und so wie mein Vater, wollte auch ich sein. Er war zwar kein Free-Solo-Kletterer – damals gab es diesen Begriff noch nicht –, dafür ging er einige große, klassische Alpenwände im Alleingang. Unter anderem realisierte er die erste Solobegehung der Nordwand der Klockerin, die nach Norden mit einer mehr als 1000 Meter hohen Fels- und Eiswand abbricht.

Aus heutiger Sicht ist diese Wand kein typisches Free Solo mit senkrechten Wänden und hohen Schwierigkeiten. Der vierte Grad wird nicht überschritten, die Wand besteht zu einem großen Teil aus riesigen Eisfeldern, die über kurze, steile Felsaufschwünge erreicht werden. Dabei entsteht nicht das gleiche Gefühl der unmittelbaren Exponiertheit wie im senkrechten Fels. Vielmehr spürt man die erdrückende Dimension einer großen Wand: die haltlosen Eisfelder, die Steinschlaggefahr, die Kälte und die düstere Atmosphäre einer Nordwand.

Bei seinen Alleingängen war sich mein Vater der möglichen Konsequenzen seines Handelns genauso bewusst, wie ich es heute bin, wenn ich eine Felsroute free solo klettere. Ein kleiner Fehler ist bei einer Alleinbegehung einer großen, klassischen Wand nicht weniger fatal als bei einer Free-Solo-Begehung einer schwierigen Kletterroute.

Mein Vater brachte mich zwar zum Bergsteigen, doch genau diese Richtung des Bergsteigens schwebte ihm wohl nicht unbedingt vor. Ich glaube auch, dass man niemanden zum Free-Solo-Klettern bringen kann. Die Entscheidung, auf die Sicherheit einer Seilschaft zu verzichten, ist immer ein persönlicher Schritt.

Thomas und ich durchliefen eine klassische alpine Ausbildung, in allen Disziplinen, die das Bergsteigen zu bieten hatte. Da ging es nicht um das Erreichen hoher Schwierigkeitsgrade. Wir hatten zwar schon etwas vom siebten Grad gehört, schließlich liegen die »Pumprisse« ja direkt vor unserer Haustüre. Aber Sportklettern,

Wolfgang Güllichs Free-Solo-Begehung von »Separate Reality« (VIII+/5.12a) inspirierte uns alle, die Welt des Sportkletterns zu erobern.

Magnesia und die Rotpunkt-Idee waren bei uns noch nicht angekommen. Unser Vater war aber nie ein Freund des hakentechnischen Kletterns, und so waren auch Thomas und ich von Anfang an gegen Haken- und Strickleitern. Umgekehrt scherte es aber auch keinen, wenn man dann doch mal in den Haken greifen musste. Weitaus wichtiger war uns da, dass wir in den Westalpen noch ein paar Viertausender einsacken konnten.

Als ich dann aber 15 Jahre alt war, kam sie, die Sportkletterwelle. Überall war davon zu lesen: vom Magnesia, vom siebten, achten und neunten Grad, vom Ehrgeiz, eine Route nicht nur irgendwie, sondern rotpunkt zu machen. Das war etwas, was wir uns selbst erobern konnten, und deswegen war es auch total spannend. Aber nicht nur das Sportklettern selbst, vor allem das, was die moderne Kletterkunst alles ermöglichte. Über

Mit meinem zwei Jahre älteren Bruder Thomas – zusammen sind wir ein unschlagbares Team in den Bergen der Welt.

allem stand dabei Wolfgang Güllichs Free-Solo-Begehung von »Separate Reality« (VIII+/5.12a).

Schon zehn Jahre zuvor hatten Aufnahmen aus der »Separate Reality« eine Schockwelle durch die Kletterwelt geschickt. Damals war ich aber noch zu jung, um mich für solche Bilder zu interessieren, und das Yosemite für die Alpenkletterer noch so weit entfernt, dass diese Fotos bei uns kaum wahrgenommen wurden. Wie eine Fliege klebte der langhaarige Ray Jardine mit seinem Vollbart in der verkehrten Welt eines horizontalen Daches. Der Inbegriff des modernen Freikletterns! Doch er war am Seil gesichert, Güllich nicht.

Wolfgang Güllich ist eine der Ikonen des modernen Kletterns. Jung stirbt, wen die Götter lieben … Was für ein tragischer Verlust für die Kletterwelt, als er 1992 bei einem Autounfall verunglückte. Doch wie vielen anderen jung verstorbenen Künstlern und Musikern gelang es ihm, in der kurzen Zeit seines kreativen Schaffens die Welt zu bereichern und nachhaltig zu verändern. Auch ich war nach dem Tag, an dem ich dieses Foto zum ersten Mal sah, ein anderer.

Zu dieser Zeit gab es schon den zehnten Grad, in den Alpen entstanden die ersten Neuner, Reinhold Messner komplettierte die Achttausender-Sammlung. Ich war von allem fasziniert, verbrachte Stunden mit dem Lesen aller für mich erreichbaren Veröffentlichungen über den Alpinismus. Doch an die starke Wirkung, die diese Aufnahme auf mich ausübte, kam alles andere nicht annähernd heran.

Grob betrachtet, unterscheidet sich dieses Bild kaum von dem, das Ray Jardine zeigt. Kneift man die Augen nur ein wenig zu, dann verschwindet auch dieser kleine Unterschied. Doch wie groß können solche kleinen Unterschiede sein! Objektiv verändert sich damit weniger als ein Tausendstel des gesamten Bildes. Das Seil, diese zehn Millimeter starke Verbindung zum Leben, bedeutet für den Kletterer aber alles.

Natürlich hatte ich, beeinflusst von den Erzählungen meines Vaters, die Vorstellung, dass auch ich einmal große Wände im Alleingang klettern wollte. Irgendwie erschien es mir logisch, dass irgendwann der Tag kommen würde – ob am Matterhorn oder in der Eiger-Nordwand, das war mir egal. Es war einfach ein stets vorhandenes, aber wenig konkretes Bild.

Noch war der Wunsch, im Alleingang durch große Wände zu steigen, vergleichsmäßig wenig intensiv. Das lag wohl größtenteils daran, dass die Fotos, die mein Vater von seinen Alleingängen mit nach Hause brachte, auf den ersten Blick nicht ansprechend waren. Sie zeigten eben nur düstere Wände, Eisfelder, dunkle Felsaufschwünge, auslaufende Lawinenkegel und Eisbrüche tief unten am Gletscher. Das faszinierende Bild aber, das Heinz Zak von Wolfgang Güllich eingefangen hatte, übertraf aus meiner Sicht alles, was die Kletterfotografie bis zu diesem Zeitpunkt zu bieten hatte. Die grafischen Linien, die das Bild klar gliedern, der fein gezeichnete Riss im Vordergrund, die hoch konzentrierte Mimik Güllichs und 200 Meter tiefer der Talboden des Yosemite Valley. Dieses Bild vereint eine unvergleichliche Komposition, Hochleistungssport und die charismatische Persönlichkeit von Wolfgang Güllich.

Free Solo. Das war der Titel des Bildes. Bis zu diesem Tag hatte ich den Begriff noch nie wahrgenommen,

Nach Hansjörg Auer gelang mir im Herbst 2008 die zweite Free-Solo-Begehung der klettertechnisch anspruchsvollen Route »Locker vom Hocker« (VIII) im Wetterstein.

wahrscheinlich war er mir auch noch nie begegnet. Zwei kurze Worte, die den Inbegriff der Kletterkunst beschreiben und nicht den selbstzerstörerischen Akt eines Hasardeurs, als der Free Solo oft angesehen wird. Wer dieses Bild sieht, weiß, was Wolfgang Güllich in jenem Moment verkörperte: mentale Stärke, Können und Präzision.

Das Bild entführte mich, meine Gedanken begannen zu wandern, gingen auf eine Reise ins noch Unbekannte. Ich stellte mir vor, wie es sein würde, in dieser oder jener Route, die ich schon geklettert war, free solo unterwegs zu sein. Und ich spürte, wie mir die Situation allein schon durch die geistige Auseinandersetzung vertrauter wurde. Zuerst waren es allerdings nur Fünfer-Touren, die ich mir im Kopf auszumalen begann. Aber auch da gab es schon einige Stellen, wo ich mir sagte: Interessant! Nicht schwer, aber runter geht es trotzdem!

Mich beschäftigten Gedankenspiele, Träume und Tagträume. Lang konnte das nicht so bleiben. Der Traum musste gelebt werden, erst dann würde die Unruhe im Geist verschwinden. Ich wollte nicht länger warten. Aber ganz so einfach war es dann doch nicht. Natürlich durfte ich zu Hause von meinem Plan nichts erzählen. Das Verbot meiner Mutter wäre mir sicher gewesen! Und wäre das Verbot erst einmal ausgesprochen, dann wäre es ein klarer, harter Verstoß gegen das Miteinander unserer Familie gewesen, trotzdem einen Versuch zu machen. Solange es aber noch nicht ausgesprochen war, war es einfacher, das Verbotene durchzuziehen.

Wenn ich aber keinem davon erzählen konnte, würde es schwierig werden, eine alpine Route free solo zu klettern. Ich war ja praktisch immer mit Thomas unterwegs,

Seite 102/103: Ein Monument des modernen Klettersports und eine Hinterlassenschaft der legendären Seilschaft Wolfgang Güllich/Kurt Albert: in der ersten Seillänge von »Locker vom Hocker« (VIII).

weil er zwei Jahre älter war und ich bei ihm im Auto mitfahren konnte. Ich war also gezwungen, meine Pläne zunächst auf ein kleinstmögliches Maß zurechtzustutzen: auf den Klettergarten. Es war sowieso vernünftig, erst einmal klein anzufangen, und vor allem dort, wo ich mich hundertprozentig auskannte. Überraschungen sollte man vermeiden, wenn man null Komma null Sicherheitsreserven hat.

In Karlstein bei Bad Reichenhall gab es solche ungewünschten Überraschungen für mich nicht. Seitdem wir das Sportklettern entdeckt hatten, war Karlstein für uns das Paradies. In nicht mehr als 15 Minuten vom Parkplatz erreicht man einen südwärts ausgerichteten Felsriegel, der in einem wunderschönen, offenen Bergwald steht. Dazu bester Kalk und fast hundert verschiedene Touren, die nicht allzu lang sind. Es gibt manche mit 30 Metern, die meisten haben 15 bis 20 Meter, aber es gibt auch ein paar, bei denen es sich fast nicht lohnt, dass Seil aus dem Rucksack zu nehmen. Das war für den Anfang das Richtige!

Der Kugelbachriss. Sechs Meter hoch. Ein oberer Sechser, mit der Schlüsselstelle gleich am Einstieg. Irgendwann setzte ich mich von den anderen ab und lief die paar Meter ums Eck zum Kugelbachriss. Selbst meinem Bruder sagte ich nichts, weil ich fürchtete, er könnte mich wegen meines lächerlichen Projektes auslachen. Also lieber ganz allein. Völlig normal, dass ich beim ersten Mal, noch grün hinter den Ohren, ein wenig verspannt war. »Keiner darf mich sehen, wenn ich mich wegen der paar Meter so anstelle!«, dachte ich mir. Schon fast theatralisch langsam ziehe ich meinen Gurt aus und lege ihn sorgfältig am Einstieg ab. Gut, es sind zwar nur ein paar Meter, und im alpinen Gelände bin ich bei fast nicht vorhandener Sicherung schon weit Schwierigeres geklettert. Aber trotzdem, noch nie hatten sich die acht Buchstaben in zwei Worten zusammengefügt, wenn ich vor einer Route stand. »Free Solo!« Bedächtig spreche ich diese zwei Worte aus, während ich meine Hände nacheinander im Magnesiabeutel versenke. Und wenn's nur ein paar Meter sind! Die Hände nehmen die beiden Griffe am Einstieg, ich setze den ersten Fuß und hebe ab.

Ein unruhiges Vibrieren begleitet die Bewegung. Nicht, dass es mich wie ein schweres Erdbeben erschüttert. Eher wie das mit den Augen nicht sichtbare, aber doch deutlich spürbare Zittern der Erde, wenn ein Güterzug mit 100 Stundenkilometern vorbeirollt. Aber es ist nicht so stark, dass ich beim Greifen und Steigen die Griffe und Tritte nicht treffen würde.

Wahrscheinlich hätte mich jeder, der mich in diesem Moment gesehen hätte, für ein Faultier gehalten. Meine Lehrer behaupteten das sowieso – weil ich vor lauter Gedanken ans Klettern und an die anderen wichtigen Dinge des Lebens beim Unterricht meist abwesend war, geistig sowieso und oft auch körperlich. Nun war ich auch beim Felsklettern ein Faultier: Ich wollte keinen Fehler machen und bewegte mich deshalb extra langsam. Das, was für diesen Kugelbachriss hundertprozentig reichte, war meine Kraft. Aber so langsam ich auch kletterte, die Tour war trotzdem nach ein, zwei Minuten vorbei. Egal, es ging um die Sache. Es ging darum, dass auch ich jetzt free solo geklettert war!

Am letzten Griff nehme ich mir noch mehr Zeit und schaue nach unten, mit der Absicht, am Ende meiner ersten Free-Solo-Begehung dem unter meinen

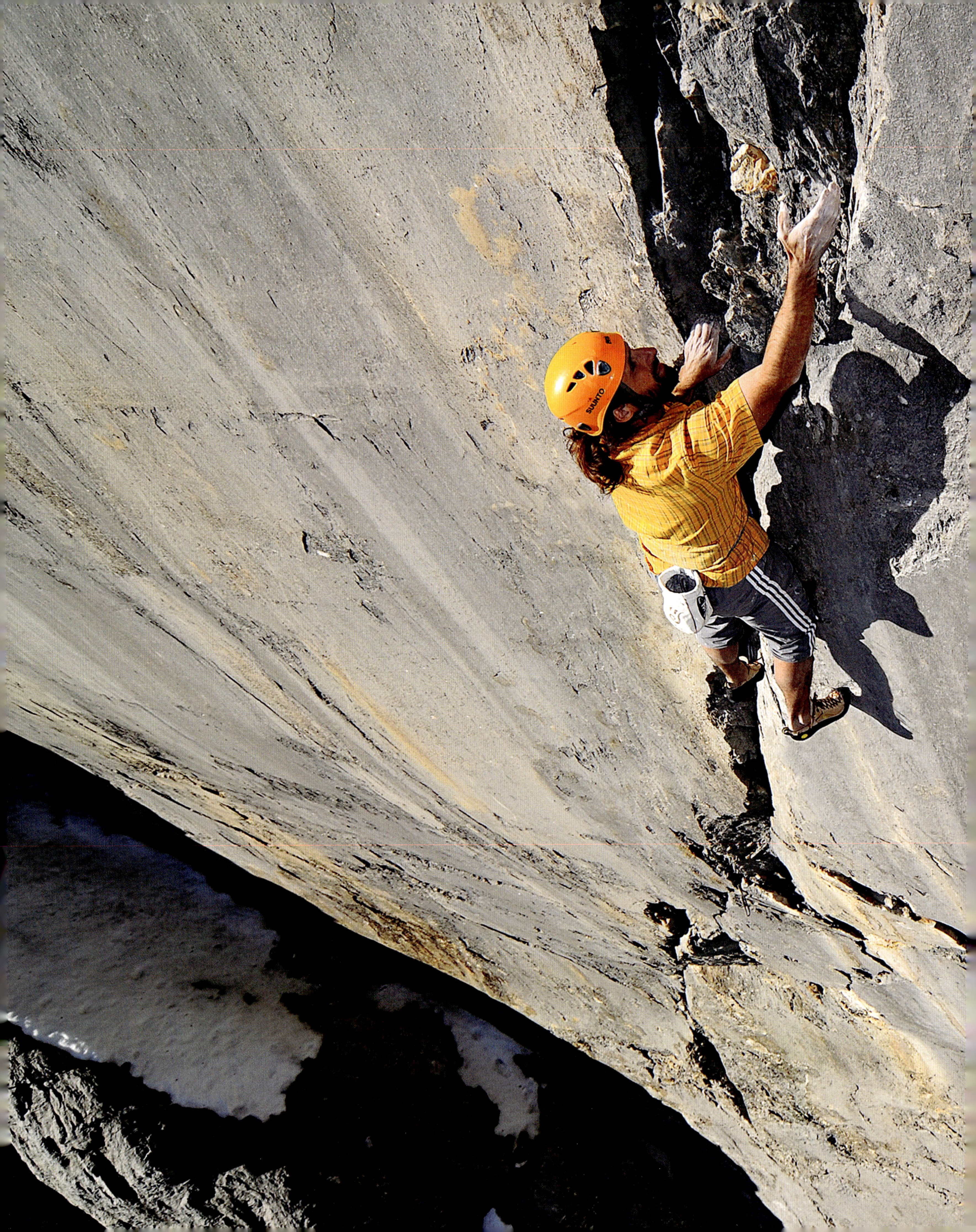
SUUNTO

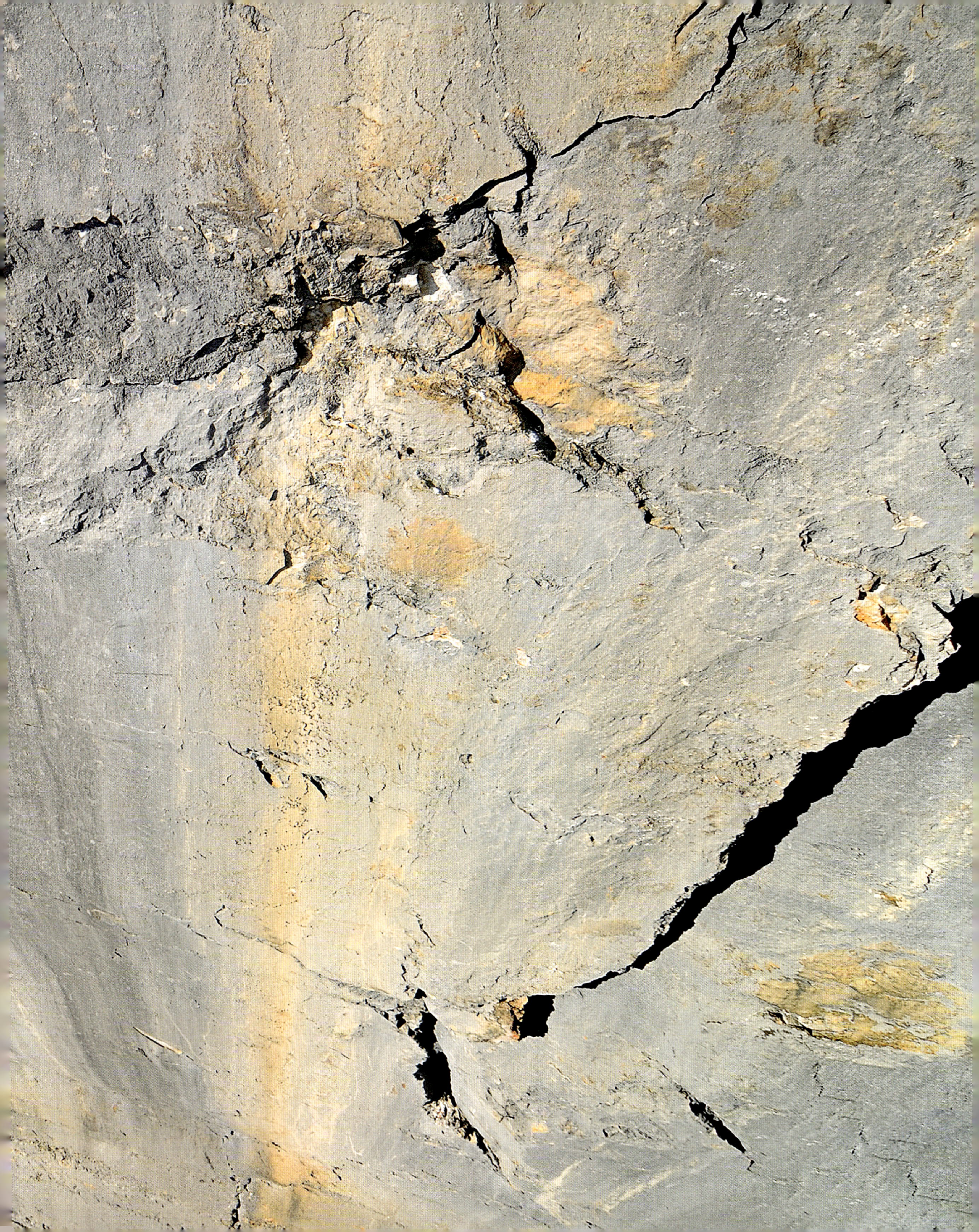

Im Klettergarten begann mein langer Weg hin zu den anspruchsvollen Free Solos in alpinen Wänden. Hier begann ich mit kurzen, leichten Routen und steigerte mich im Laufe der Zeit sowohl in der Schwierigkeit als auch in der Länge.

Füßen gähnenden Abgrund wie einem sprungbereiten Bengalischen Tiger heroisch ins Auge zu schauen. Doch der Anblick ist alles andere als atemberaubend. Als ich meinen »ersten Free Solo« danach realistisch betrachtete, musste ich zugeben, dass ich mich in diesem Moment doch etwas größer gesehen hatte, als ich in Wirklichkeit war. Free Solo war das nicht wirklich, da waren wir als Kinder oft weiter vom Baum heruntergesprungen. Trotz allem aber hatte ich etwas erreicht. Ein erstes Mal hatte ich den Gedankenprozess in Gang gesetzt. Klar, dass das nicht alles gewesen sein konnte! Ich stieg außen herum ab, und schon stand ich wieder unten am Einstieg. Direkt neben dem Kugelbachriss fand ich das, was jetzt genau passte. »Return to Fantasy« hießen die sechs Meter, schon ein Siebener, und die schwere Stelle war nicht mehr am Einstieg, sondern fast ganz oben!

Noch mal schnell die Route visuell checken. Passt. Die Züge sind klar. Wieder chalken, dann der Moment, wo ich den Boden verlasse. Das gleiche leichte Zittern wie vorher – mit der Kraft eines Zehner-Kletterers presse ich die einzelnen Griffe her. Kraft ist massig da, eher habe ich Probleme mit der Rechnerkapazität. Der Arbeitsspeicher ist im Free Solo schon mal schnell überfordert. Hundert, nein tausend Gedanken gehen mir durch den Kopf; der eine Gedanke will dies, der andere das, und irgendwie wird sich gerade überhaupt keiner mit dem anderen einig. Volles Chaos! Und trotz der vielen Gedanken kommt die Lösung für den nächsten Zug nicht raus.

Schließlich fand ich dann doch den Faden wieder und war froh, dass ich mich dabei nicht allzu weit über dem Boden befand. Diesmal hatte ich das Gefühl, dass das schon passte mit meinem Free Solo. Der Abgrund war zwar nicht wirklich größer, aber die Kombination aus schwerem Zug und fünf Meter Höhe über dem Boden reichte dann doch aus.

Dieser Tag in Karlstein, an dem ich heimlich meine ersten zwei Routen free solo kletterte, war für mich ein entscheidender Schritt in der Entwicklung meiner Träume. Ich hatte oft darüber nachgedacht, wie es wohl sein würde, free solo in einer Wand unterwegs zu sein. Ich hatte ein festes Bild von dem, wie es sein sollte und was es in mir auslösen würde. Doch wie in so vielen anderen Situationen des Lebens hatte das, was ich mir in meinen Träumen zurechtzimmerte, wenig mit der Realität zu tun. Das Erlebnis war für mich einprägsam, etwas Besonderes, aber es entsprach nicht dem Gefühl, das ich erwartet hatte. Das Sich-loslösen-Können. Das Schweben. Das hatte ich nicht gefunden.

Ein wenig hatte ich ja schon davon geträumt, den Zustand des vollkommenen Glücks zu erreichen. Wie ein hoffnungsloser Romantiker. Die verklärte Idee, absolut zu sein und für seine Passion mit nicht weniger als seinem Leben einzustehen.

Nicht, dass ich geglaubt hätte, die Welt – oder auch nur meine eigene – damit verbessern zu können. Mich reizte einfach der Gedanke, für mich ganz allein zu handeln, für kurze Zeit das Drumherum im Leben auszuschalten, das Perfekte im Free Solo zu realisieren. Ich wollte zu denen gehören, die genau das tun, was sie denken, und das denken, was sie tun. Diese Einheit im Geist wollte ich finden.

Doch an jenem Tag fand ich diese Einheit nicht. Ich war von meiner Leistung nicht enttäuscht, es ging mir ja auch

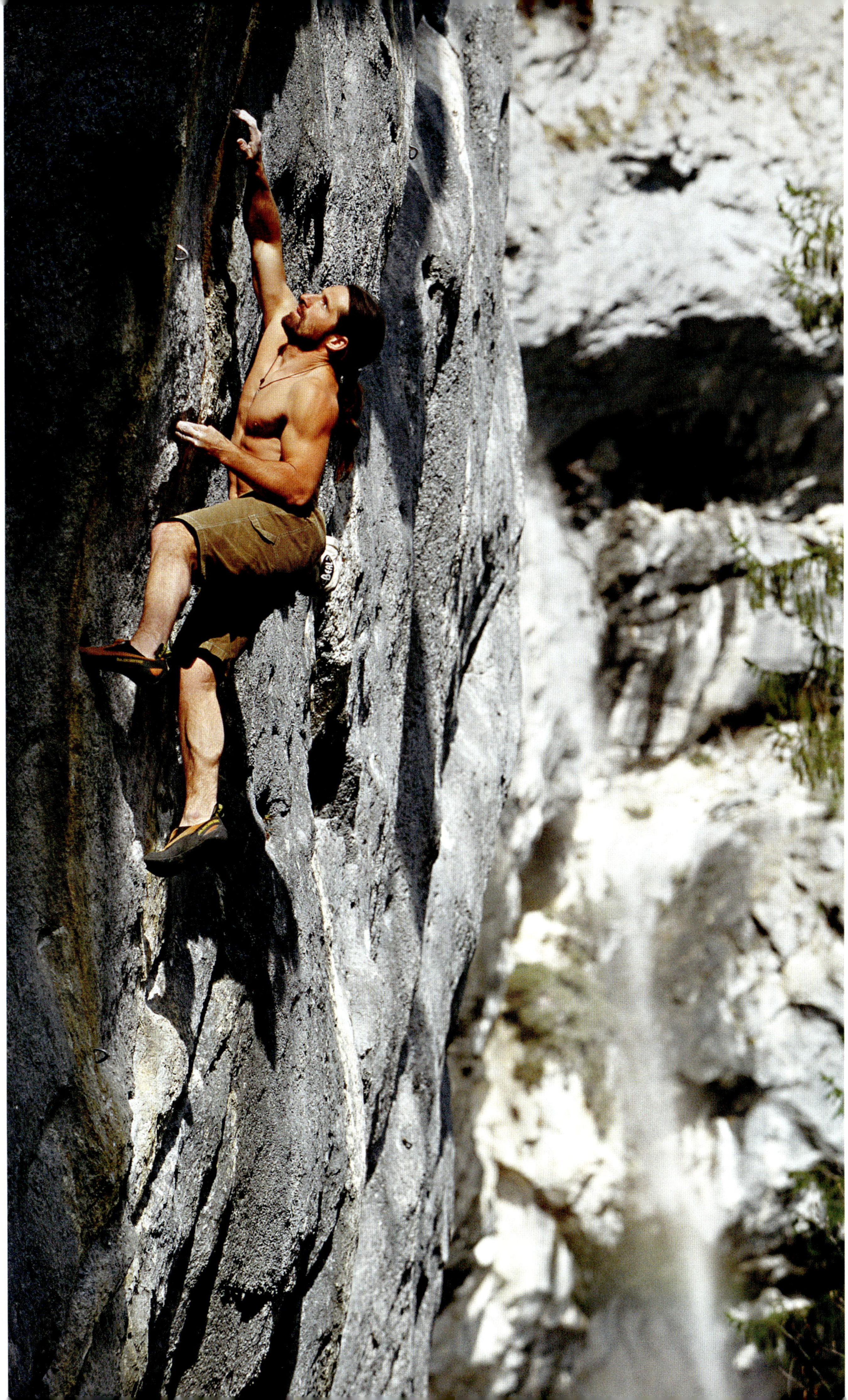

Free-Solo-Klettern in großen Wänden hat etwas vom Kampf Davids gegen Goliath. Die riesigen Wände lassen den Menschen klein und verletzlich erscheinen. Letztlich ist es aber kein Kampf gegen den Berg, sondern einer gegen das eigene Ich: inmitten der riesigen Granitwände der Schweizerführe (VII/6b) am Grand Capucin, Montblanc.

gar nicht um Leistung. Es war einfach nur die Realität, die sich mit meinen Träumen nicht decken wollte. Aber was hätte ich mir anders erwarten sollen? Ich, der Anders-Denker, gehe jetzt erfolgreich meine eigenen Wege? Inspiriert durch die Vorbilder? Nein, noch immer war ich einfach ein blutiger Anfänger und zum Glück vernünftig genug, nicht der Hybris anheimzufallen. Das, was ich erlebte, war die Ankunft auf dem Boden der Realität.

Du kannst dich hundertmal im Vorhinein in diese Situation hineindenken, kannst tausendmal das Gefühl wachrufen, das deine Fantasie angesichts einer solchen Situation erzeugt. Die Realität ist anders!

Im Kugelbachriss war alles unter voller Anspannung abgelaufen. Ich war betäubt gewesen von der Flut an Signalen, die in kurzer Zeit durch mein Hirn jagten. Das war auch in der zweiten Route nicht besser. Mir wurde bewusst, dass das Free-Solo-Klettern – neben dem intensiven – nur dann auch das erwartete schöne Gefühl erzeugt, wenn ich mich länger damit auseinandersetzen würde. Der Traum war damit nicht verschwunden oder weniger groß geworden. Ich spürte nur, dass jetzt nicht die richtige Zeit dafür war. Ich hatte auch keine Vorstellung, wann das sein könnte und was dafür noch passieren müsste. Meinen jugendlichen Sturm und Drang richtete ich vorerst jedenfalls auf andere Ziele.

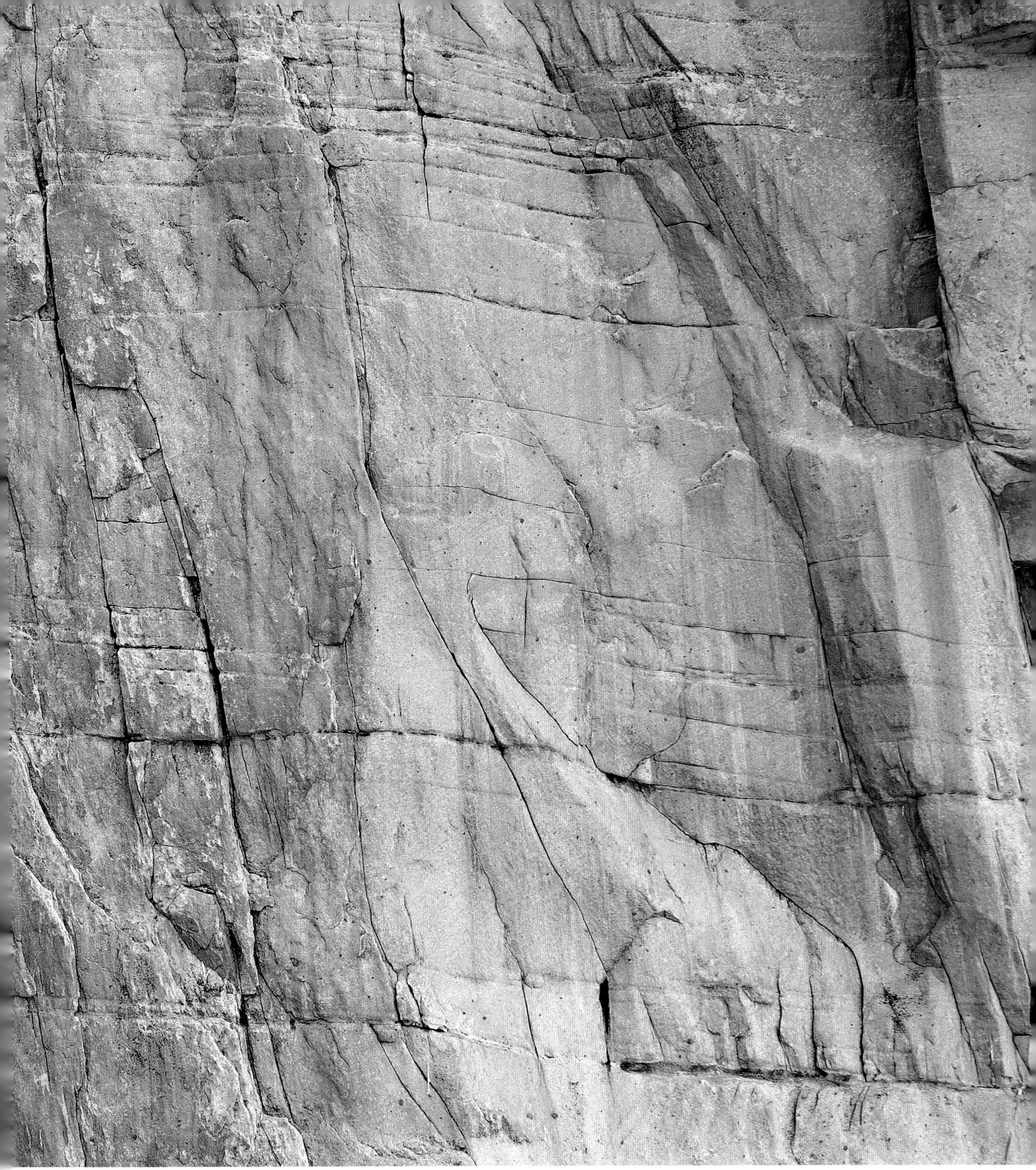

Erste Free Solos

Als ich mit 19 endlich die Schule abgeschlossen hatte, wartete auf mich der Dienst fürs Vaterland. Schon länger war mir klar, dass ich den Wehrdienst verweigern würde. Damals war das alles andere als eine Formsache, und ich musste tatsächlich eine Begründung verfassen, warum der Dienst an der Waffe für mich absolut undenkbar war. Im Hinterkopf verband ich aber auch rein praktische Gründe mit dem Zivildienst oder Wehrersatzdienst, wie er auf Amtsdeutsch hieß. Nachtdienste. 60 Wochenstunden beim Rettungsdienst waren zwar viel: fünfmal die Woche zwölf Stunden, von sechs bis sechs. Aber halt nicht nur Tagdienst, also von sechs Uhr morgens bis sechs Uhr abends, sondern auch Nachtdienst, von sechs Uhr abends bis sechs Uhr morgens. Ich würde also untertags klettern können und abends während des Dienstes pennen ... Mein Traum-Zivildienst, trotz der vielen Stunden!

Womit ich nicht gerechnet hatte, waren die Ehrenamtlichen, mit denen ich um die Nachtdienste kämpfen musste. Sie arbeiteten untertags normal und hatten daher nur abends Zeit. Was feilschte ich mit meinem Wachleiter um die Einteilung im Dienstplan! Es war nicht einfach, ihm zu erklären, wie wichtig das Klettern sei und dass es einfach absolut nicht gehe, dass ich immer untertags arbeiten müsse und nicht zum Klettern gehen könne. Vielleicht schaffte ich es auch nicht wirklich, ihm das Essenzielle des Kletterns fürs Leben klarzumachen. Aber egal, irgendwann hatte ich ihn so weit zermürbt, dass er sich für mich etwas einfallen ließ. Die Lösung sah dann folgendermaßen aus: Sonntagabend 18 Uhr Dienstantritt zur individuellen Schwerstbehindertenbetreuung, Montagmorgen 6 Uhr Wechsel zum Rettungsdienst, das Ganze durchgehend bis Freitagabend 18 Uhr. Ein Kletterer kann viel leiden, wenn er dadurch zum Klettern kommt. Lieber 120 Stunden durchgehend Dienst und dafür eine Woche frei!

Mein Leben bestand also nur noch aus Fels, Rettungswache und Krankenhaus. Aber das passte schon. Manchmal braucht man so etwas, damit es vorwärtsgeht. Nicht, dass jemand glaubt, dass ich übermotiviert gewesen sei – es gab einfach nichts anderes, was mich interessiert hätte. Für Frauen hatte ich keine Energie – ich hatte sowieso bei Kurt Diemberger gelesen, Frauen seien der Tod des Alpinismus –, für Kneipen keine Kohle, dafür viel Zeit zum Klettern. Luxus ist ja immer eine Frage der Definition. Für mich war der größte Luxus Zeit zum Klettern, und so gesehen gehörte ich damals zu den Reichsten der Welt!

Thomas studierte damals schon in München, andere hatten Schule oder waren beim Arbeiten. Was macht also der ambitionierte Kraxler, wenn keiner zum Klettern aufzutreiben ist? Er klettert allein! Ich war richtiggehend gezwungen, allein unterwegs zu sein, und so war es für mich dann auch wesentlich natürlicher. Ich musste mich nicht heimlich wegstehlen, sondern das Soloklettern kam ganz von selbst.

An einem der ersten Tage kam ich in der Hoffnung nach Karlstein, dass schon irgendjemand im Klettergarten sein würde. Ich hatte meine Projekte, an denen ich arbeiten wollte. Die Enttäuschung war groß, als ich merkte, dass niemand da war. Und irgendetwas mit Seilsicherung von oben klettern, das wollte ich auch nicht. Aber in meinem Kopf trug ich schon lange eine Idee mit mir herum:

Albert Precht ist ein Urgestein des Free-Solo-Kletterns in den Nördlichen Kalkalpen. Vor allem am Hochkönig eröffnete er unzählige Routen. Als seine schönste Erstbegehung bezeichnet er die Route »Freier als Paul Preuß« (VII), die er free solo onsight beging.

Unten: Albert Precht in der »Gloria Patri«, die er im Zuge von Filmaufnahmen 1988 free solo kletterte.

Wenn ich in Karlstein mal allein sein sollte, würde ich einen Schritt weiter gehen. Keine halbe Partie, nur wenige Meter über dem Boden, sondern etwas Ehrliches. Und so richtig ehrlich wird es eben erst bei zehn Metern und mehr. Die »Montezuma« mit ihren 30 Metern, mit VII– die leichteste Tour durch die zentrale Wand von Karlstein, ist so eine ehrliche Sache. Da brauchst du nicht zu überlegen, was im Falle des Falles wäre. Wenn du fällst, dann ist das in der »Montezuma« eine todsichere Sache.

Aber ich kannte die Tour nicht nur gut, sondern in- und auswendig, ich konnte sie im Schlaf auf und ab klettern und das sogar noch blind. Und ich war schon lange ein versierter Sportkletterer. Wenn man im oberen zehnten Grad herumklettert, ist ein Siebener nichts Aufregendes und auch ohne Sicherung nicht viel mehr als ein Klettersteig. Prinzipiell existiert die Möglichkeit eines tödlichen Sturzes, da musste ich dann aber schon einen Herzinfarkt haben. Und wenn mich tatsächlich in der »Montezuma« der Schlag treffen sollte, dann wäre das halt so vorbestimmt. Warum also sollte mich das beschäftigen? Ich hatte ganz einfach ein Urvertrauen in das, was mir in meinem Leben mitgegeben wurde.

Mit diesem Urvertrauen steige ich ein, lasse diese schönen Meter Fels hinter mir, gewinne an Höhe. Weiches Licht, eine angenehme Wärme. Das Leben meint es gut mir mir! Dieses Mal stellt sich das Gefühl ein, das ich gesucht habe. Das Sich-loslösen-Können. Das Schweben.

Die Zeit musste erst reif werden, und ich musste erst zu dem Punkt kommen, an dem mein Handeln nicht von äußeren Einflüssen bestimmt war, sondern von einem inneren Antrieb. Irgendwie wusste ich es an diesem Tag schon vorher, dass jetzt der richtige Moment gekommen war. Es war nicht der Tag davor und auch nicht der nächste. Heute, jetzt war ich so weit, mein Körper, mein Geist waren bereit für die Erfahrung. Eines der schönsten, intensivsten Erlebnisse meines Lebens.

Diese Kletterbewegungen, die ich so liebe. Dieses widerstandslose, lautlose Hinaufgleiten am Fels. Wie eine Eidechse, nur ruhiger, ausgeglichener, bewusster. Nicht schnell, schon gar nicht hektisch. Auch nicht langsam. Einfach ein konstanter Fluss, mit dem ich die Senkrechte hinaufschwebe, ganz ohne Kraft. Es ist wohl das Schönste im Leben, wenn du alles um dich herum vergisst, vollständig in dem aufgehst, was du gerade machst. Nicht beeinflusst von Vergangenem, nicht bedrängt von dem, was kommen könnte. Wenn du einfach nur den Moment erlebst, mit deinem Herzen und deiner ganzen Seele. Hier kannst du es. Mehr als sonst irgendwo.

Da ist es – das Gefühl, alle Türen hinter mir geschlossen zu haben. Für nur kurze Zeit bin ich übergetreten in ein anderes Leben, in dem es nur um das Dasein selbst geht. Bin frei von äußeren Einflüssen, vollständig auf mich selbst reduziert. Und ich fühle in einer bisher unbekannten, nicht erahnten Intensität, wie die greifbare Nähe zum Tod ein anderes, ein glasklares Bild des Lebens zeichnet. Dieses Bild ist gestochen scharf: der Blick nach unten gerichtet, an meinem Körper entlang. Ich sehe die Griffe und Tritte, an denen ich nach oben geschwebt bin. Ganz unten der Einstieg, der Boden. Nichts Feindliches kann ich an seiner Härte entdecken. Der Boden ist einfach nur der Anfang, der Ausgangspunkt für das, was ich jetzt erlebe. Ich erreiche den Punkt, an dem sich die Wand zurücklehnt und das Klettern leichter wird. Noch zwei Meter, und ich bin ganz draußen. So abrupt die Route endet, so plötzlich ich den Ausstieg erreiche, mein Empfinden ist ein ganz anderes: Ich schwebe weiter. Ich brauche jetzt gar keinen Fels mehr, um in diesem Gefühl weiterzugleiten. Ich bin glücklich. Es gibt nicht viele Momente des absoluten Glücks im Leben. An diesem Tag aber habe ich einen dieser Momente gefunden.

Die Herausforderung der Schweizerführe (VII/6b) am Grand Capucin lag vor allem in der hochalpinen Umgebung. Vereiste Risse, Schmelzwasser auf den Granitplatten und die Exposition machen eine Free-Solo-Begehung im Hochgebirge zu einem komplexen Unterfangen. Eis und Wasser im Riss der Schlüsselseillänge zwangen mich mehr als einmal, das Unternehmen zu verschieben.

Solo alpin

Klettern ist eine Droge. Ich jedenfalls bin süchtig danach, und das ist ja bereits eine der Grundeigenschaften von Drogen. Man wird abhängig und braucht sie auf eine Art und Weise, dass man ohne sie nicht mehr auskommen kann. Eine weitere Eigenschaft von Drogen ist die allmähliche Dosissteigerung bis zu einem Level, wo mehr nicht mehr geht. Bis zur Schmerzgrenze sozusagen. Auch was das anbetrifft, kann ich versichern, dass ich beim Klettern den klassischen Weg einer Drogenkarriere gegangen bin. Allerdings gibt es zwischen Klettern und Drogen einen signifikanten Unterschied: Unser Tun am Berg macht uns glücklich. Und das nicht nur für die kurze Einstiegszeit, sondern dauerhaft. So dauerhaft, dass Bergsteigen bei den meisten eine lebenslange Sucht ist. Trotzdem sind mit der abhängig machenden Wirkung des Kletterns auch gewisse Risiken verbunden. In den Bergen sind Gefahren omnipräsent, und daher gehört ein gesundes Selbsteinschätzungsvermögen zu den grundlegenden Voraussetzungen für ein langes Bergsteigerleben. Noch viel mehr gilt das natürlich für das Free-Solo-Klettern.

Ich war mir der Gefahr bewusst, die davon ausgeht, dieses wunderbare Gefühl immer wieder erleben zu wollen. Dafür reicht es auf Dauer nicht, in derselben Schwierigkeit free solo zu klettern. Du brauchst einfach immer mehr.

Und ich wollte mehr! Es war ja auch nicht das Ziel meiner Träume, eine Klettergartenroute, und sei sie 30 Meter lang, free solo zu klettern. Mein Ursprungsgedanke war das Bild, inmitten einer großen, alpinen und überhängenden Wand free solo zu klettern. Das war es, was ich wollte! Was wird das für ein Gefühl sein, nach einer großen Wand, die ich ganz allein durchstiegen habe, oben anzukommen? Wenn die Konzentration langsam absinkt, die Aktivität der Gedanken sich langsam beruhigt wie die Atmosphäre nach einem schweren Gewitter?

Logischerweise war ich nach der »Montezuma« in Karlstein noch nicht so weit. Ich hätte schon eine leichte Klettertour im alpinen Gelände im Alleingang machen können, aber im dritten oder vierten Schwierigkeitsgrad hätte ich nicht das gefunden, was ich suchte. Dazu brauche ich Ausgesetztheit, im direkten wie auch im übertragenen Sinn. Nur dann, wenn ich mich in vollem Umfang der Gefahr aussetze, mein Leben als Einsatz bringe, werde ich mir über die Auseinandersetzung mit dem Tod meines Lebens bewusst! Mehr erwarte ich mir nicht vom Leben. Das Schöne am Free-Solo-Klettern ist, dass es so ehrlich ist. Keine heimtückische Gefahr, wie sie ein Lawinenhang birgt, sondern ein offensichtliches Risiko. Nach der Initialzündung in der »Montezuma« ließ ich es vorerst langsam angehen und verbrachte noch einige Tage mit meiner neu gewonnenen Leidenschaft im Klettergarten. Auch wenn manche daran zweifeln – ich bin ein vernunftbegabter Mensch, der weiß, was auf dem Spiel steht. Und mir war bewusst, dass es vernünftig ist, wenn ich meine Ersterfahrung konsolidiere. Erst dann würde ich einen Schritt weiter gehen und mich auch an alpine Wände wagen.

Dieses Abwarten hatte durchaus auch erlebnistechnische Gründe. Von meiner Free-Solo-Begehung des Kugelbachrisses wusste ich, dass ich nur dann Freude daran habe, wenn ich mich der Sache gewachsen fühle.

Mitten in meiner Bergheimat, im Wilden Kaiser, breche ich auf zu einem neuen Horizont – dem Soloklettern.

Es lag auf der Hand, dass ich bei meinem Schritt ins Alpine auf Routen zurückgreifen würde, die ich schon kannte und die mir vertraut waren. Mit 14 Jahren war ich mit Thomas ein erstes Mal im Wilden Kaiser gewesen, und wir hatten damals alle möglichen Klassiker abgegrast. Das waren für mich die perfekten Ziele: Die meisten Führen waren nicht allzu lang, hatten diese gewisse Ausgesetztheit, die ich suchte, und waren von der Schwierigkeit her moderat. Außerdem steckten gerade an den schwierigen Stellen Haken, und das war mir für meine erste alpine Free-Solo-Erfahrung wichtig.

Wenn mir nämlich an einer Schlüsselstelle das Herz in die Hosen rutschen würde, hätte ich immer noch einen kleinen Trumpf in der Hand. Lieber klein anfangen und nicht gleich den Puristen spielen wollen … Für meinen Solo-Schnupperkurs hatte ich meinen Klettergurt mit ein paar Schlingen versehen. Nicht, dass ich mich wirklich daran hätte sichern wollen. Nein, das gerade nicht, denn ich wollte mich ja an das Feeling herantasten, wie es ist, ohne Seil mitten in einer alpinen Wand zu hängen. Trotzdem wollte ich für meinen ersten Durchgang eine Notreserve dabeihaben. Sollte ich mir in die Hosen machen, würde ich mich mit zwei Bandschlingen und Karabinern selbst sichern. Nur damit ich, falls meine Nerven versagten, nicht abstürzen würde. Bevor ich fiele, würde ich doch lieber einhängen. Das hat nichts mit Warmduschen zu tun. Und wenn doch: Dann bin ich eben ein Warmduscher!

Nach einem mal wieder anstrengenden Nachtdienst, in dem ich dreimal aus dem Bett gerissen worden war, verbrachte ich noch einmal einen Tag in Karlstein. Ich machte gut zehn Seillängen free solo, nichts Schweres, dafür viele Meter. Es ging ja nicht darum, im alpinen Gelände eine Hammerroute zu machen, sondern die Rittlerkante am Bauernpredigtstuhl, einen klassischen Fünfer mit einer kurzen Stelle im oberen sechsten Grad kurz unter dem Gipfel. Und mit Fünfern und Sechsern hatte ich im Klettergarten mittlerweile kein Problem mehr. Aber eine gewisse Steigerung gab es im Alpinen dann doch, denn in Karlstein kannte ich jede Route in- und auswendig. Im Gegensatz dazu war meine Begehung der Rittlerkante schon fünf Jahre her, und von den einzelnen Kletterzügen wusste ich natürlich nichts mehr. Trotzdem war ich nicht allzu nervös.

In der Nacht davor hatte ich einen relativ ruhigen Dienst: um zehn ein letzter Einsatz – Herzinfarkt, aber kein Totalausfall. Das war wichtig, denn wenn man um zehn Uhr abends noch reanimiert, kann man am nächsten Tag das Free-Solo-Klettern vergessen. Der Rest der Nacht war ruhig, um sechs Uhr die Wachablösung.

Bedächtig steige ich von der Wochenbrunner Alm hinauf ins Kübelkar in Richtung Ellmauer Tor. Wie oft bin ich diesen Weg schon gegangen? Neues kennenzulernen ist schön, doch die Vertrautheit mit dem Altbekannten ist die Basis, auf der wir leben, von der aus wir immer wieder neu aufbrechen können. Die imaginäre Linie zwischen dem Bekannten und dem noch Unbekannten überschreiten. Der Aufbruch, der einem einen neuen Horizont erschließen wird. Das trifft diese Situation genau. Hier bin ich mitten in meiner vertrauten Bergheimat, im Wilden Kaiser. Es gibt nur wenig, was mir nicht bekannt ist. Ich kenne den Berg, die Route, die ich klettern will. So gesehen, werde ich heute auf nichts Neues treffen. Und doch ist es für mich der Aufbruch zu einem neuen Horizont. Der Unterschied wird vor allem in meiner Wahrnehmung liegen. Die zehn Millimeter

Seil, die für einen Kletterer die Welt bedeuten, werden heute fehlen.

Noch bewege ich mich im Vertrauten, spüre aber schon jetzt das Unbekannte auf mich warten. Im Prinzip ein unangenehmes Gefühl, diese Spannung, das Unbehagen, das tief aus dem Innern kommt, den Magen reizt, mich nicht zur Ruhe kommen lässt. Trotzdem liebe ich dieses Gefühl. Suche es immer wieder. Die Herausforderung, ohne die in meinem Leben die Spannung verloren gehen würde.

Ich klettere, ich steige, ich fliege. Ich habe den Klettergurt dabei, die Karabiner und Schlingen als Notreserve. Ich bemerke sie gar nicht. Denn das, was heute passiert, ist perfekt. Ein Verschmelzen mit dem, was ich mache. Ich bewege mich in einem Zwischenraum, den ich mir zwischen den Welten geschaffen habe. Kein beständiger Raum, aber doch einer, den ich ab jetzt immer wieder betreten kann.

Mit dem Gipfel erreiche ich einen Höhepunkt, der über allem steht, was ich bisher in meinem Leben erreicht habe. Kein zehnter Grad oder Achttausender ist es, einfach nur ein Gefühl. Ein Gefühl, näher bei sich selbst zu sein als im bisherigen Leben. Ich weiß, dass ich diesen Weg weitergehen muss. Noch kompromissloser, noch intensiver.

Die gnadenlos steile Dolomitmauer der Großen-Zinne-Nordwand beherbergt einen der absoluten Klassiker der Klettergeschichte. Die 1958 von Dietrich Hasse, Lothar Brandler, Jörg Lehne und Sigi Löw erstbegangene Direttissima (VIII+) war damals ein Meilenstein – für mich die Herausforderung schlechthin. Ohne Seil, ohne Gurt, ohne Sicherung in irgendeiner Form, so wurde die Direttissima für mich zu einem echten Grenzgang.

Direttissima

Mitten in einer leicht überhängenden Wand, in ausgesetzter Position. Die Fingerspitzen in zwei kleinen Griffen, zwei kleine Tritte, darunter 200 Meter Luft. Kein Klettergurt, kein Seil – nichts, was einen Absturz verhindern würde. Das Leben hängt sprichwörtlich an den Fingerspitzen.

Eine Situation, die, selbst wenn sie nur in Gedanken durchgespielt wird, grundsätzlich jedem Menschen einen Schauer über den Rücken jagt. Die Vorstellung, nur an den Fingerspitzen über einem Abgrund zu hängen, löst Angst aus. Wir haben eine instinktive Furcht vor dem Abgrund, die tief im Menschsein verankert ist: Seit Urzeiten begegnen wir Abgründen, seit Urzeiten bedeuten Abgründe für uns Gefahr. Deswegen war und ist die instinktive Angst vor dem Abgrund existenziell, um das Überleben der Art zu sichern. Nur wer sich vor einer Gefahr fürchtet, wird sich entsprechend vorsichtig verhalten – die Gefahr bleibt zwar potenziell vorhanden, aus ihr erwächst aber keine echte Bedrohung für das Leben.

In einer solchen Situation sind einzig das eigene Kletterkönnen und die mentale Kraft die Lebensversicherung, Fehler sind nicht erlaubt. Funktionieren Körper und Geist nicht hundertprozentig, sind die Konsequenzen tödlich.

Die Welt der Berge ist eine Welt voller Gefahren. Hätten wir Menschen permanent Angst, unser Leben zu verlieren, wir würden aus lauter Furcht nicht mehr die Dinge tun, die unser Leben bunt und lebenswert machen. Bergsteigen, Skifahren, Reisen – alles ist mit einem Risiko verbunden. Selbst bei noch so hohem Können und noch so hoher Konzentration wird es nie ganz verschwinden. Dieses Restrisiko ist aber durch vernünftige, kompetente Einschätzung aller Risikofaktoren kalkulierbar. Wie viel Risiko der Einzelne letztendlich bereit ist, in Kauf zu nehmen, ist dabei Charaktersache. Die geringe Zahl der Unfälle in der Geschichte des Free-Solo-Kletterns in schwierigen Routen und Wänden lässt jedoch darauf schließen, dass nur die wenigsten Akteure auch Hasardeure sind.

Jedenfalls sind sie wesentlich weniger lebensmüde als die vielen Everest-Besteiger, die glauben, mit der Überweisung von 100 000 Dollar auf der sicheren Seite zu sein. Nicht nur, dass fast alle Aspiranten auf den höchsten Gipfel der Welt gnadenlose Laien sind und nicht die geringste Ahnung von den vielschichtigen, komplexen Gefahren haben, die ihr verehrter Berg im Hinterhalt für sie bereithält, sondern es geht ihnen auch mit jedem Höhenmeter mehr und mehr der Verstand verloren. Das geht so weit, dass kein geringer Teil der Gipfelstürmer irgendwann auf die Idee kommt, an Ort und Stelle zu biwakieren. Bei minus 50 Grad, auf 8500 Metern. Ihres Verstandes beraubt, ist ihnen ihr Leben nichts mehr wert. Sie wollen nur noch eines: schlafen. Das tun sie dann meist für immer, wenn sie nicht von einem Sherpa ins Tal gezogen werden. Ich bin kein Hasardeur. Ich weiß über das Risiko Bescheid. Erscheint es mir zu hoch, dann trete ich zurück. Erscheint es mir vertretbar, dann lebe ich, wie einst Paul Preuß, meine Passion.

Sommer 2002. Ich stehe unter der Großen Zinne. Über mir die 500 Meter hohe Nordwand und die Direttissima. Free solo will ich sie klettern. Der Weg zum Einstieg

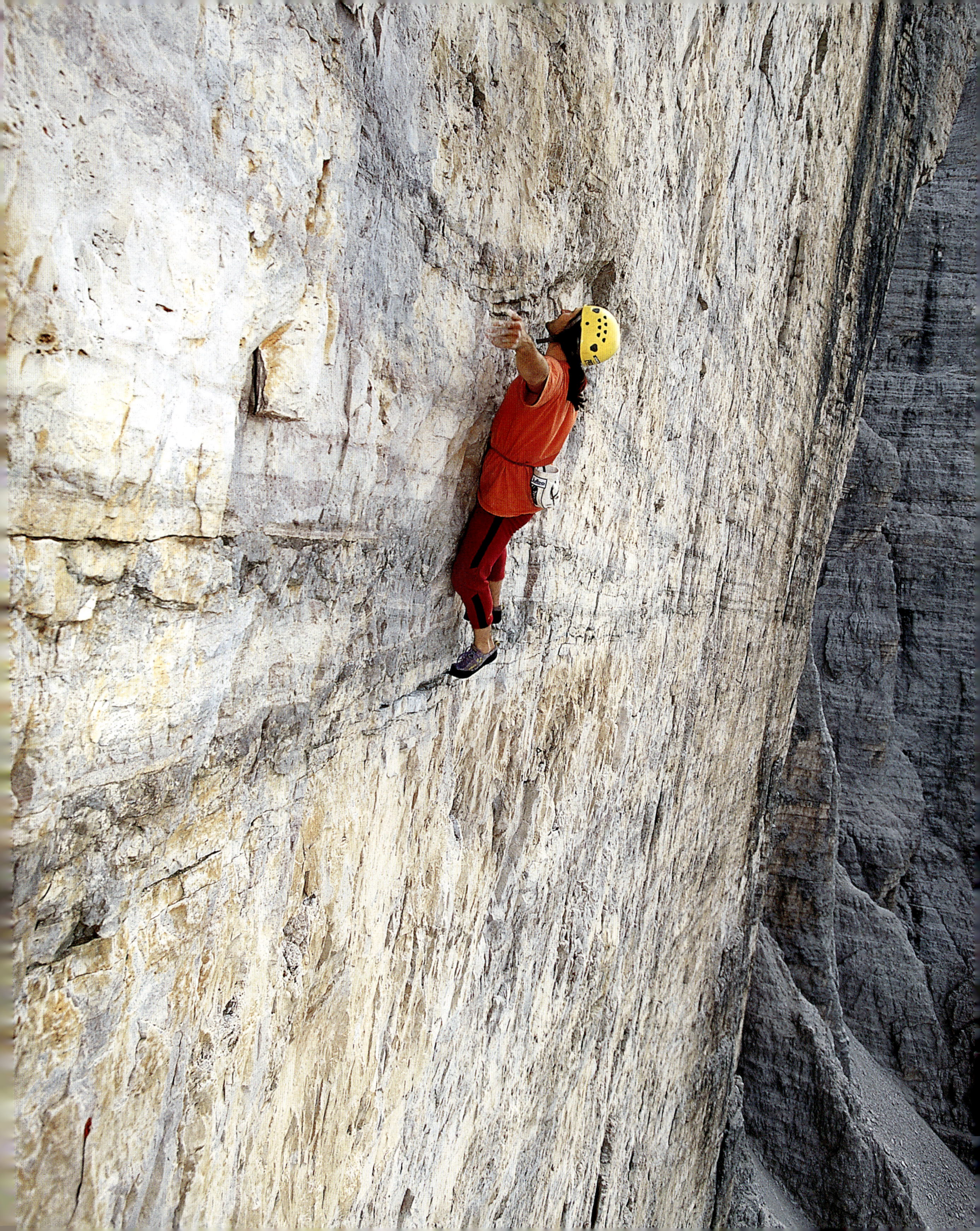

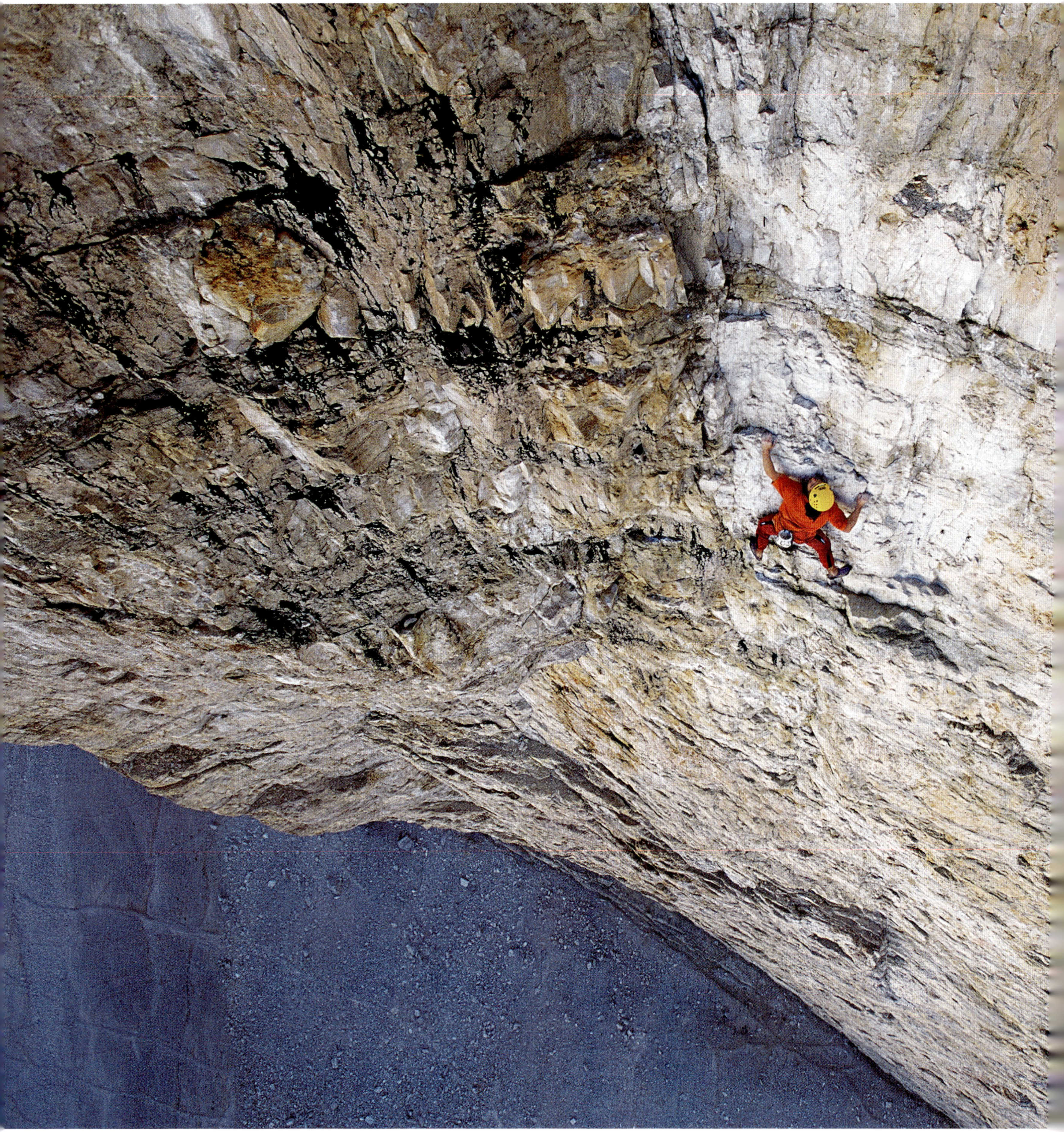

Wie ein Schiffbrüchiger auf hoher See bin ich verloren in diesem Meer aus gelbem, überhängendem Dolomit.

dauerte eine Stunde, in der ich die reale Welt um mich herum nur noch beiläufig wahrnehmen konnte. Wie in der Nacht zuvor begleitete mich ein Wechselbad der Gefühle. Schwarze Gedanken. Dann wieder die Sicherheit, es zu beherrschen. Ein skurriler Zweikampf der Emotionen, der einmal meinen Schritt beschleunigte, mich unruhig machte und hetzte und mich später wieder ruhig werden ließ.

Ich sitze am Wandfuß der Direttisima und bin unschlüssig. Soll ich einsteigen? Tatsächlich hatte ich in den letzten Tagen Angst vor dem Absturz. Immer wieder kreisen meine Gedanken um den Moment, in dem ein Griff ausbricht, ich vom Felsen wegkippe, frei hinunterfalle. Was würde ich dabei wohl denken? Würde ich mich über den Fehler ärgern, darüber, dass ich dieses Schicksal selbst gewählt habe? Oder würden alle Gedanken von der extremen Beschleunigung gelähmt werden? Was würde mit mir passieren, wenn der Sturz im Schuttkar endete? Würde ich überhaupt etwas spüren? Neben diesen schwarzen Gedanken wusste ich aber auch genau, dass ich jeden schwierigen Meter der Route kannte, dass ich jeden Kletterzug beherrschte.

Die erste schwierige Stelle befindet sich in rund 80 Meter Wandhöhe. Wenn ich mich dort oben, am »Point of no return«, entscheide, weiterzuklettern, werde ich die Konsequenzen zu tragen haben – dann muss ich die weiteren 500 Meter klettern, ob ich will oder nicht. Viele Versuche werde ich nicht haben. Vielleicht wird sogar ein einziger Rückzug vom »Point of no return« reichen, um mental vor der erdrückenden Dimension der Wand zu kapitulieren. Dann wird es keinen weiteren Versuch mehr geben.

Noch hat mich das Wechselbad der Gefühle im Griff. Erst wenn mich die schwarzen Gedanken loslassen, kann ich einsteigen.

Mir ist klar, dass ich nicht einsteigen darf, solange mich diese schwarzen Gedanken nicht loslassen. Noch einmal gehe ich am Wandfuß der Großen Zinne auf und ab. Setze mich wieder hin. Ich weiß, dass ich es heute versuchen muss. Meine Gedanken, die voll und ganz von dieser Route gefangen sind, lassen es nicht zu, jetzt abzubrechen. Ich bin an dem Punkt angekommen, an dem ich mir wünsche, ich hätte dieses Projekt nie ins Auge gefasst. Ich habe keine Wahl mehr. Ich muss einsteigen, muss es versuchen. Heute werde ich die Entscheidung treffen müssen, diese 500 Meter free solo zu durchsteigen oder nicht.

Dieser Zwang trifft mich hart. Nur zwei Tage zuvor habe ich noch nicht mit ihm gerechnet, habe geglaubt, die völlige Entscheidungsfreiheit darüber zu besitzen, wann ich das Projekt realisieren werde. Jetzt aber sind meine Gedanken besetzt, bin ich als Ganzes besessen. Das schlägt sich auf meine Psyche. Der Druck, den ich um alles in der Welt vermeiden wollte, ist da. Jetzt bin ich das gehetzte Tier, das gespannt unter der Wand kauert und auf das wartet, was sich in den nächsten Minuten entscheiden wird.

Das Wechselbad der Gefühle weicht einem Gedankenchaos. Das Gehirn ist überfordert. Mechanisch ziehe ich die Kletterschuhe an, binde mir den Magnesiasack um die Hüfte und klettere die ersten paar Meter. Ich bin total betäubt, fühle nichts – so kann ich nicht weitermachen. Ich steige wieder zurück, setze mich noch einmal am Einstieg hin und bin völlig fertig mit der Welt.

Dann, nach ein paar Minuten, kommt Erleichterung; ich weiß jetzt genau, dass ich bis zum »Point of no return« jederzeit in der Lage bin, den Versuch abzubrechen und zurückzusteigen. Ich bin zu nichts gezwungen! Nun fühle ich mich freier.

Nach einer kurzen Pause steige ich wieder ein, klettere die ersten zwei Seillängen hinauf. Während ich in den Stunden vor dem Durchstieg Angst hatte und übernervös war, verschwindet jetzt, als ich mich endlich in der Wand bewege, meine Betäubung. Unter dem reibungslosen »Normalbetrieb« wird das Denken frei für das Klettern. Ich spüre keine Angst mehr. Zu stark bin ich auf die Bewegung konzentriert, als dass ich jetzt noch Zeit zum Angsthaben hätte.

Ich klettere in die dritte Seillänge hinein. Nach vier Metern erreiche ich den »Point of no return«. Die Entscheidung ist jedoch längst getroffen. Nicht hier, am kritischen Punkt, sondern am Einstieg lag die Schlüsselstelle – das Verlassen des Boden war die Barriere, die ich überwinden musste. Das Soloklettern fordert

Jenseits des »Point of no return« gibt es kein Zurück mehr, die Aufgabe diktiert das Geschehen. Inmitten der Überhänge der Schlüsselseillängen liegt mein Fokus auf dieser Aufgabe: Zug um Zug auf dem Weg nach oben, dem Ziel, dem Gipfel entgegen.

sowohl Selbstüberwindung als auch Selbstkontrolle. Erstere habe ich mit dem Verlassen des Bodens erreicht, und Letztere scheint jetzt, 150 Meter über dem Boden, die viel einfachere Aufgabe zu sein. Ich kenne die Route fast auswendig, habe sie zuvor exakt einstudiert und spiele nun das Programm ab – Zug für Zug, fast wie eine Maschine.

Nach acht Seillängen erreiche ich das große Band vor den Schlüsselseillängen. Bisher ist alles völlig reibungslos verlaufen. Doch ich bin 50 Minuten ununterbrochen geklettert, alle Sinne, die mit der Bewegung befasst sind, standen permanent unter Strom. Ich merke, dass mein Geist müde ist, dass ich die Konzentration ohne eine Pause nicht weiter werde aufrechterhalten können. Ich lege mich flach auf das Band und starre lange Zeit mit bewegungslosem Blick nach oben in die Dächer – die Schlüsselpassage.

Nach 20 Minuten setze ich mich wieder auf, ziehe meine Kletterschuhe fest, greife in den Magnesiabeutel und klettere los. Wie ein Arbeiter, der nach einer Pause seine Tätigkeit wieder aufnimmt – Zug um Zug, ohne große Gedanken, immer im gleichen Rhythmus. Bis ich oben, am Ende der Schwierigkeiten, ankomme.

Die Anforderungen lassen nach, diktieren nicht weiter den Ablauf des Geschehens. Langsam, aber sicher werden meine Gedanken wieder frei. Wie von selbst steigt mein Körper nach oben, nimmt mich mit. Immer wieder ziehen kleine Wolken die Nordwand herauf, lassen die Berge rundherum im Grau verschwinden. Je weiter ich nach oben komme, umso ruhiger werde ich – wie ein Fluss, der sich nach der Unruhe in den Stromschnellen in den weiten Ebenen seines Deltas verliert.

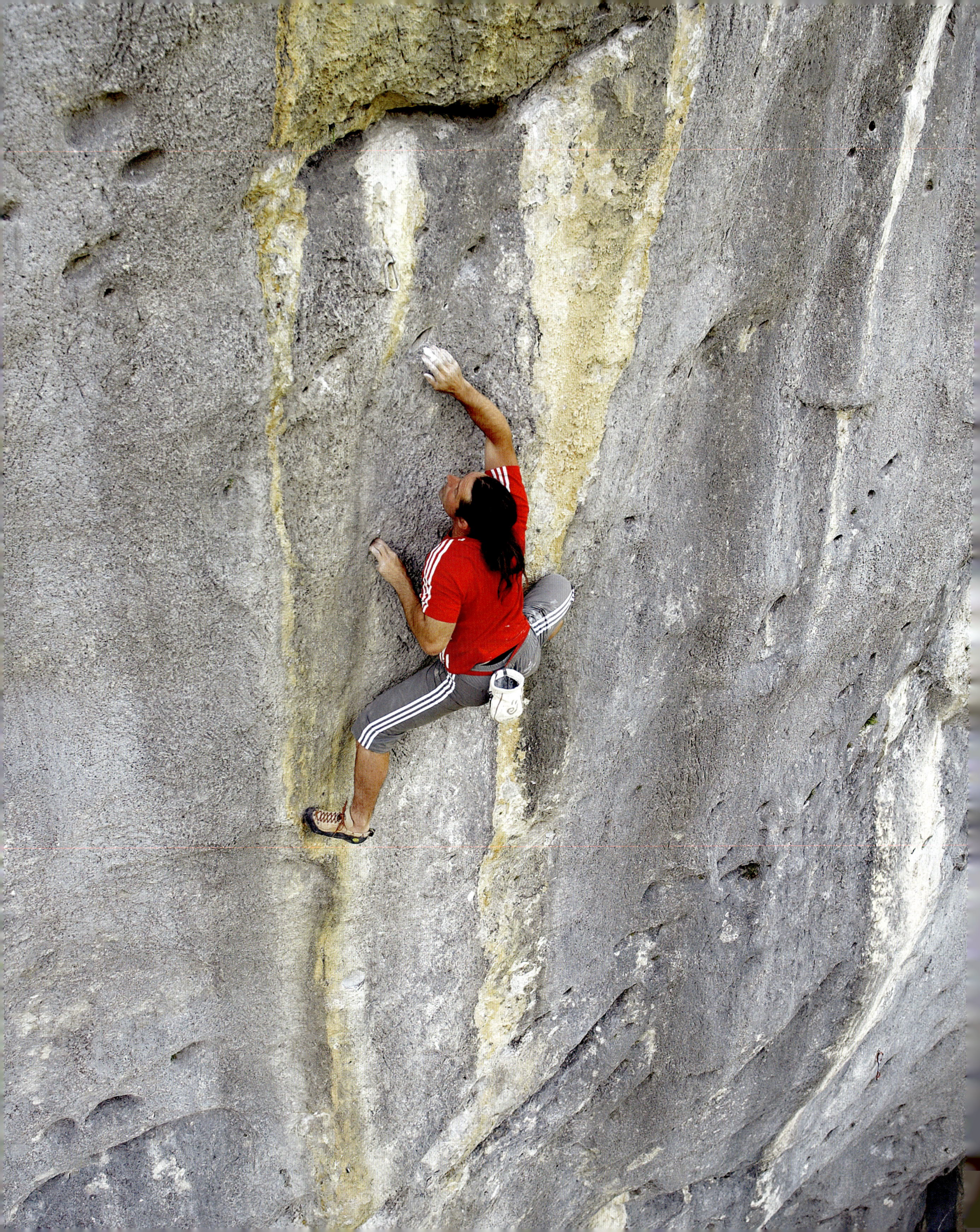

Im Frühjahr 2002 bereitete ich mich im Klettergarten an vergleichsweise kurzen Routen auf die Free-Solo-Begehung der Direttissima vor. Die geniale 20-Meter-Route »Aqualung« (IX/7c) am Schleierwasserfall war eine der Stationen auf diesem Weg.

Der zehnte Grad

Mittwoch, 19. Februar 2003: Ich treffe mich mit Michi Meisl am Schleierwasserfall. Der »Opportunist« steht auf dem Plan. Wenn es heute passt, werde ich zuschlagen. Michi hat die Kamera dabei, weil ich ihn gebeten habe, ein paar Aufnahmen zu machen. Welche Aufnahmen er machen soll, habe ich ihm allerdings erst während des Zustiegs gesagt.

Wir sind oben, sitzen auf der roten Bank. Ich bin ruhig, nicht die Spur nervös. Ich lege los, indem ich ein paar Expressschlingen aus der Wand hole, die auf den Aufnahmen stören würden. Michi macht gleich mal ein paar Fotos.

Kurze Pause, ich ziehe nicht einmal die Schuhe aus. Dann mache ich mich fertig. Michi wundert sich, als ich frage: »Passt alles?« Er kann es wohl gar nicht glauben, dass es jetzt schon losgehen soll.

Ich steige ein. Bevor Michi mich mit dem Teleobjektiv eingefangen hat, bin ich schon die ersten drei Meter oben. Und bevor er richtig nachdenken kann, bin ich ganz oben. Flüssig und ohne den Anflug eines Zitterns ist der »Opportunist« (X/8b) unter meinen Fingern vorbeigezogen.

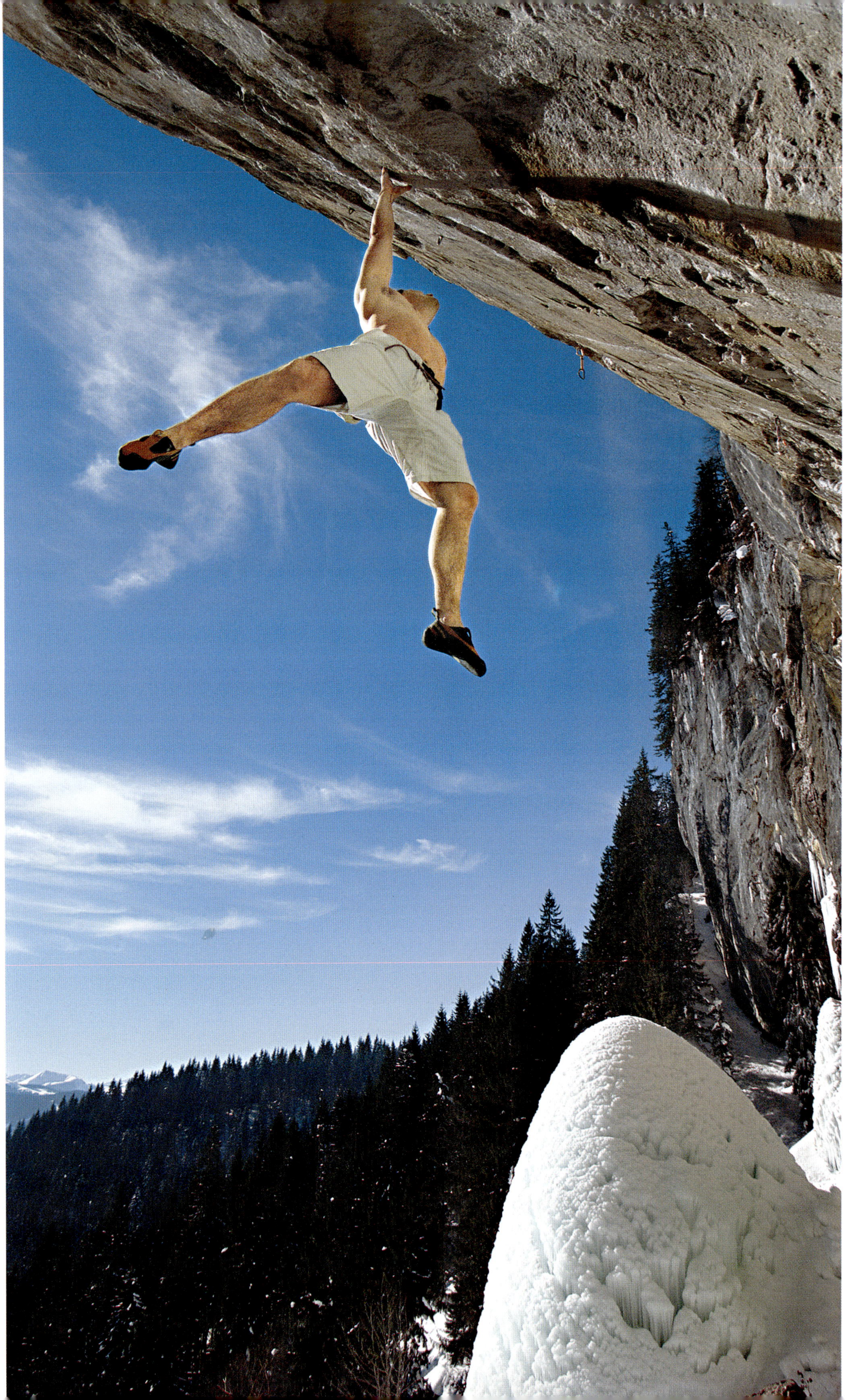

Sonne und die kühlen Temperaturen des Februartages schaffen optimale Bedingungen für die Free-Solo-Begehung des »Opportunisten« (X/8b).

In der schwierigsten Einzelstelle der Route »Opportunist« (X/8b).

Michael Meisl
»Opportunist«

Wir sitzen auf der inzwischen stark verwitterten, von der Sonne ausgeblichenen roten Bank, vor uns der Wasserfall und ein durch die kalten Nächte auf eine beachtliche Höhe angewachsener Eispilz. Es ist einer dieser sonnigen Wintertage, an denen man im Amphitheater des Schleierwasserfalls durch die windgeschützte Lage bedenkenlos die wärmenden Winterklamotten gegen Shorts und T-Shirt tauschen kann. Am Vorabend fragte mich Alexander am Telefon, ob ich nicht Zeit hätte, einige Fotos von ihm zu machen. Die stabile Hochdrucklage versprach einen sonnigen Tag, und so stand dem nichts im Weg.

Beim Aufstieg wurde ich in den eigentlichen Plan eingeweiht: »Der ›Opportunist‹ wäre mal fällig, mal schauen, wie es heute aussieht …« Schon seit einiger Zeit wusste ich, dass Alexander eine Free-Solo-Begehung dieser Route im Kopf herumschwirrt. Sie zieht diagonal durch den zentralen Wandteil zwischen den Extremklassikern »White Winds« und »Cool your foot man«. 1996 von Jean-Minh Trinh-Thieu erstbegangen und mit 8b bewertet, zählt die Route in diesem Schwierigkeitsgrad zu den Paradetouren am Schleierwasserfall.

Es folgt ein klassisches »Huber'sches« Aufwärmprogramm, das gerade mal aus dem Entfernen einiger auf den Fotos störender Expressschlingen besteht. Vergeblich warte ich auf einen nach innen hörenden, sich konzentrierenden Spitzenkletterer, der sich auf einen Nervenkitzel der besonderen Art vorbereitet. Vor mir steht ein herumalbernder Alexander, dessen innerer Konflikt gerade mal darin besteht, ob er eine von mir mitgebrachte Wollmütze mit einem eingewebten Irokesenkamm aufsetzen soll oder nicht. Die Mütze wird zur Seite gelegt, eine kurze Nachfrage, ob bei mir alles okay ist, und ehe ich ihn mit meinem Teleobjektiv im Bild habe, sind die ersten Züge schon abgespult.

Durch das eingeschränkte Blickfeld des Suchers meiner Spiegelreflexkamera beobachte ich, wie er mit der Präzision eines Schweizer Uhrwerks sein Programm abspult. Die Feder ist gespannt, und mit jedem Meter mehr ist zu erkennen, wie kontrolliert und mit welcher unglaublichen Sicherheit er diese Route im Griff hat. An der Schlüsselstelle, nach zwölf Metern, kein Wackeln oder Zögern. Selbst der Schlüsselzug am Übergang in das etwas weniger überhängende Gelände – bei den meisten Rotpunkt-Aspiranten ein hektisches Schnappen von einem schlechten Untergriff aus – wird mit der gleichen Ruhe und Präzision wie die vorangegangenen Züge aufgelöst. Nach gerade mal drei Minuten ist das Schauspiel beendet, der Film in der Kamera belichtet und die Mütze wieder ein willkommener Anlass, um herumzualbern.

Ein Zwischending zwischen Highball und Free Solo: Die schwierigste Einzelstelle des »Opportunisten« (X/8b) befindet sich nur fünf Meter über dem Boden. Die Durchstiegsschlüsselstelle, rechts im Bild zu sehen, liegt bereits in einer Höhe von acht Metern, und ganz oben, nach 20 Metern, wartet noch ein heikler Ausstieg.

Bis an die Schmerzgrenze

Emotional und mental war die Free-Solo-Begehung der Direttissima an der Großen Zinne der Höhepunkt in meinem Leben als Kletterer – was aber nicht bedeutete, dass ich schon in Rente ging. Im Frühjahr 2002 war ich als Vorbereitung für die Direttissima ein paar längere Alpintouren sowie auch einige härtere Sportkletterrouten free solo geklettert. Zu dieser Zeit war der untere zehnte Grad etwa das, was ich mir als Maximum vorstellen konnte. Allerdings lag mein Fokus damals ganz klar auf der Direttissima, und mir war klar, dass ich die Grenze des Machbaren noch nach oben verschieben konnte. Psychisch scheint so ein kurzes Free Solo dem Kletterer weniger abzuverlangen als eine hohe, alpine Wand. Je näher man aber an die Leistungsgrenze geht, desto enger wird es.

Etwa ein Jahr nach der Direttissima kletterte ich am Schleierwasserfall erstmals den glatten zehnten Schwierigkeitsgrad free solo. Der »Opportunist« (X/8b) ist steil, sehr steil. Seine 22 Meter sind technisch anspruchsvoll und athletisch. In diesem Grad ohne Sicherung zu klettern stellte für mich ein neues Level an Schwierigkeit und Herausforderung dar. Trotzdem spürte ich, dass auch diese Route noch nicht die Grenze des für mich Machbaren war. Das lag vor allem an der Route selbst, denn die klettertechnische Schlüsselstelle befindet sich nicht mehr als fünf Meter über dem Boden. Ein Sturz würde hier zwar sicher unangenehm, aber nicht zwangsläufig tödlich enden.

Mental ist das ein gewaltiger Unterschied, denn die Schlüsselstelle ist damit nicht mehr als ein gewöhnlicher Highball. Gibt es brauchbares, ebenes Gelände als Landezone, dann gehen die Boulderer mit entsprechend luxuriösen Crash-Pads durchaus bis zu einer Höhe von acht Metern an die Grenze des Kletterbaren! In diesem Bereich wurden in der Tat schon unglaubliche Leistungen erzielt. Die Route »The Fly« (XI/9a) des amerikanischen Spitzenkletterers David Graham wurde von seinem Landsmann Jason Kehl kurzerhand ohne Seilsicherung geklettert; sie ist allerdings auch nicht höher als fünf Meter. Ohne Zweifel ein extrem anspruchsvoller Highball, aber eben auch kein echtes Free Solo – genauso wenig wie die von dem Schotten Dave McLeod seilfrei gekletterte acht Meter hohe »Darwin Dixit« (X+/8b+).

So ganz geschenkt ist der »Opportunist« aber dann doch nicht! Denn nach der schwierigsten Einzelstelle geht es noch weiter. Es folgt die Durchstiegsschlüsselstelle in acht Meter Höhe und dann, ganz oben, nach 20 Metern, noch ein heikler Ausstieg, der dem Ganzen die entsprechende Würze verleiht.

Ein Gang an die Grenze des für mich Machbaren war der »Opportunist« trotz allem nicht. Die Triebfeder war noch immer da: die bewusste Suche nach der absoluten Schmerzgrenze. Mir war dabei in diesem Moment bewusst, dass ich als Kletterer nur noch wenig Zeit haben würde, diese Grenze zu erreichen. Die Bandbreite meiner Aktivitäten und jedes einzelne Lebensjahr zehren an meiner Leistungsfähigkeit als Sportkletterer. Ich machte mich auf die Suche nach einem entsprechenden Ziel.

Der Schleierwasserfall ist auch heute noch mein Favorit: die Kletterei, meine Freunde, die Kulisse. Wenn ich von einer meiner Reisen wieder daheim ankomme, dauert es meist nur wenige Tage, bis ich den steilen Fels am

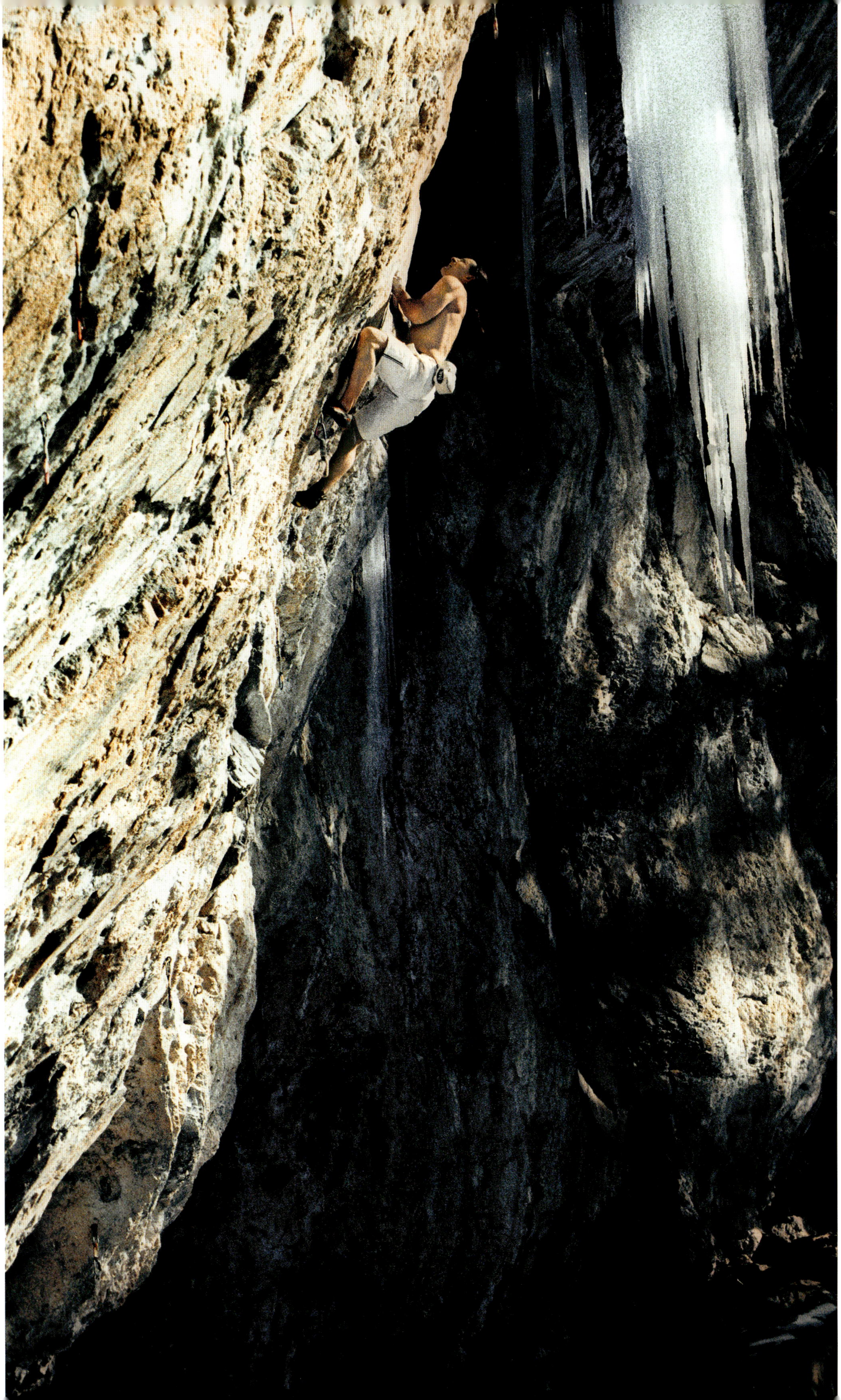

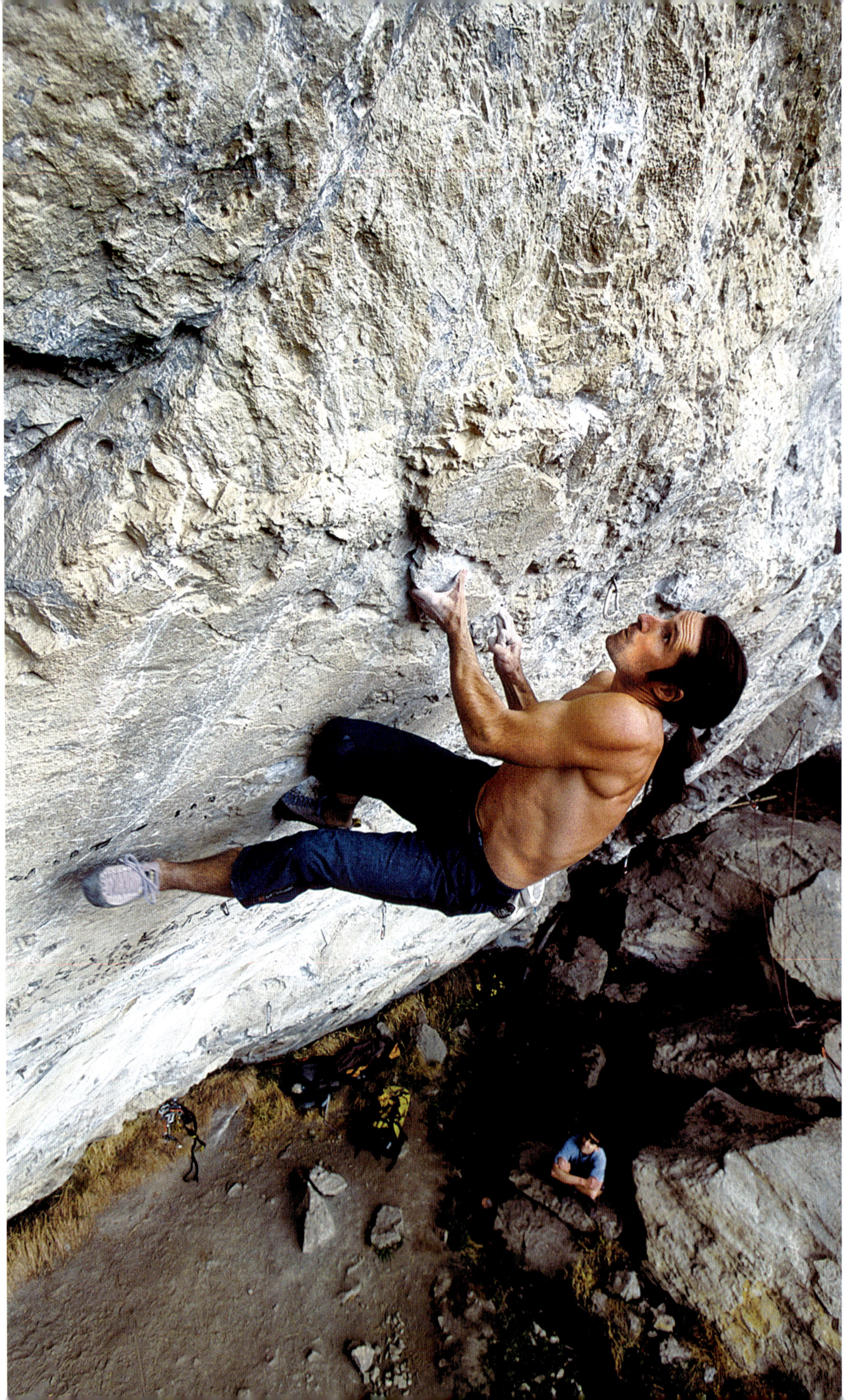

Athletische Kletterei an einer stark überhängenden Wand charakterisiert den »Kommunisten« (X+/8b+).

Schleier berühre. Hier kenne ich alle Griffe, alle Tritte. Alle Tricks und Details. Mir liegt der Stil dieser Routen. Der »Kommunist« (X+/8b+) ist 22 Meter lang, hängt stark über, fordert athletische Kletterei. Die Schlüsselstelle befindet sich knapp zehn Meter über einem großen Felsblock – genug, dass eine Landung nicht mehr in Frage kommen kann. Das wäre er: mein Gang an die Schmerzgrenze …

Meine absolute Leistungsfähigkeit lag damals nur wenig über dem, was der »Kommunist« verlangt. Dementsprechend gering waren in dieser Route meine Leistungsreserven. Ich konnte sie trotz gründlicher Vorbereitung nicht jedes Mal durchsteigen – nur frisch ausgeruht, bei guten Bedingungen, und selbst dann war die Leistungsreserve schon dünn. Aber ich wusste mittlerweile sehr genau, wie ich funktioniere, wenn ich ohne Seil unterwegs bin, und das ermöglichte es mir, die notwendige Leistungsreserve auf ein Minimum zu reduzieren.

20. April. Um acht Uhr bin ich schon am Fels. Ich will allein sein. Keiner kann mich stören, und auch ich werde keinen stören. Ich klettere mich warm. Einige Boulderzüge, und ich weiß, dass die Kraft stimmt, genauso wie die Bedingungen. Es ist neun. Ich werde einsteigen. Gerade als ich den ersten Zug machen will, kommt ein Wanderer. Abwarten. Im Prinzip könnte es mir egal sein, ob er zuschaut oder nicht. Irgendwie verunsichert es mich aber doch. Ich beginne den Fokus auf meine Aufgabe zu verlieren, und meine Gedanken verfangen sich im ersten Versuch, den ich 16 Tage zuvor unternahm. Er endete mit einem Rückzug.
Was war passiert? Eigentlich fühlte ich mich vor diesem ersten Versuch bereit, hatte den Eindruck, der psychischen Herausforderung gewachsen zu sein. Entschlossen stieg ich ein, kletterte die ersten Züge – und spürte dieses leise Zittern in den Muskeln, dieses Zuviel an Adrenalin im Blut. Fehlerfreies, präzises und energisches Klettern verlangt aber absolutes Selbstvertrauen – das ich aber scheinbar noch nicht ganz hatte. Mit jedem Zug ging die Lockerheit mehr und mehr verloren. Vier Meter über dem Boden entglitt die Angst meiner Kontrolle. Schluss, aus! Zwei Kletterzüge retour, und ich machte einen großen Satz zurück zum Boden.

Zwei Tage später der zweite Versuch – mit dem gleichen Resultat. Dann hatte ich verstanden. Es war kein schlechter Tag, ich war nicht in schlechter Verfassung, ich war ganz einfach der mentalen Herausforderung noch nicht gewachsen! Ich musste mehr investieren, weiter trainieren, stärker werden, um am Ende meine Psyche vom Gegenteil überzeugen zu können.

Zwei Wochen sind seither vergangen, und heute soll es so weit sein. Tausend Gedanken sind mir heute Morgen durch den Kopf gegangen, wirre Dinge, ab und zu ein Moment der Klarheit. Sonnenklar ist mir dabei vor allem geworden, dass es heute der letzte Versuch sein wird, denn ich habe gerade zwei Wochen Hölle durchlebt. Mit meinen ersten Versuchen hatte ich die »heiße Phase« eingeleitet und damit auch die heftige Zeit, in der das Free-Solo-Projekt mein Denken besetzt. Bis zur Route »Kommunist« hatte diese heiße Phase noch nie länger als zwei Tage gedauert: Vorbereitung abgeschlossen, zwei Tage Ruhe, dann die »Vollstreckung«. Dieses Mal war es anders. Die Qualität der psychischen Belastung übertraf sogar die der Zeit vor der Direttissima. Es tut mir gut zu wissen, dass es nicht mehr lange dauern wird! Mit welchem Ergebnis auch immer – das Projekt

»Kommunist« wird in wenigen Minuten abgeschlossen sein. Dieses Wissen hilft mir, und ich finde sogar so etwas wie innere Ruhe. Auf fast schon fatalistische Art und Weise schließe ich mit dem Leben ab. Die kontrollierende Instanz in meinem Denken hatte schon im Vorhinein grünes Licht gegeben; jetzt, in diesem Moment, darf ich nicht mehr über den Sinn oder Unsinn meines Handelns nachdenken. Hundertprozentige Fokussierung auf die wenigen Quadratzentimeter des nächsten Griffes, hundertprozentige Fokussierung auf die Qualität des nächsten Schrittes. Sonst nichts mehr.

Der Wanderer steht immer noch herum. Er weiß wohl nicht recht, ob sich das Warten für ihn lohnt. Das ist mir aber jetzt egal, ich habe für mich abgeschlossen. Ich bin in meiner eigenen Welt. Soll er doch zuschauen, wenn er will! Und nachdem er sowieso schon da ist, betraue ich ihn noch mit einer Aufgabe. Um meine Free-Solo-Begehung auch ohne Augenzeugen dokumentieren zu können, habe ich eine Videokamera mitgenommen. Die drücke ich jetzt meinem Zuschauer in die Hand. Wir wechseln ein paar Worte, er ist ganz begeistert, und ohne genau zu wissen, was er filmen wird, stellt er sich in Position.

Ich mache mich fertig, peinlich genau ziehe ich meine Kletterschuhe zu. Magnesia, viel Magnesia, und tiefes Durchatmen. Ich steige ein, mit dem guten Gefühl, dass es jetzt bald vorbei sein wird …

Es ist kühl, die Haut ist extrem zäh, der Grip entsprechend fantastisch. Griff um Griff zieht an mir vorbei, und ich erreiche die Stelle, an der ich zweimal abgebrochen habe. Heute gibt es kein Zögern, kein Anhalten in der Bewegung. Nur am Rastpunkt in fünf Meter Höhe halte ich kurz an, atme einmal tief durch, chalke genau einmal nach.

Dreifingerloch, Zweifingerloch, Untergriff, Leiste – nur wenige Griffe für die fünf entscheidenden Meter bis zum Schlüsselzug. Die raumgreifenden Züge verlangen explosives Klettern, lassen keinen konkreten Gedanken zu. Ich nehme mir die Zeit, die Finger der rechten Hand auf der Leiste einzusortieren, sie in jede kleine Unebenheit des Griffes zu vergraben. Voller Einsatz. Ich platziere den linken Fuß auf der schlechten Abschussrampe. Die kleine Zange als Zwischengriff, und jetzt der Zug, auf den es ankommt. Ich stehe in der richtigen Ausgangsposition, bin bereit.

Mein ganzes Dasein reduziert sich auf diese Aktion. Das bisher gelebte Leben bündelt sich, konzentriert sich, zieht sich zusammen und läuft unaufhaltsam auf einen Tunnel zu. Es zieht mich ins Schwarze hinein …

Zuerst senke ich den Körper ab, um auf einer längeren Strecke beschleunigen zu können. Die kurze Ruhe am Umkehrpunkt der Bewegung, dann geben alle Muskeln im Körper gleichzeitig 100 Prozent. Die Bewegung ist perfekt einstudiert, gegen die Schwerkraft fliegt der Körper in einer Welle nach oben, die linke Hand schnellt mit doppelter Geschwindigkeit zum anvisierten Griff. Im toten Punkt presse ich die Finger auf den abschüssigen Griff, extrem hoher Druck baut sich auf, die Finger beißen sich im Fels fest. Für einen kurzen Moment verharrt der Körper scheinbar regungslos, kämpft um die Kontrolle. Dann zieht es mir den linken Fuß vom Tritt, ich hänge an den Fingerkuppen, presse, was das Zeug hält. Die Kontrolle aber bleibt: Ich habe den Griff

*Der Beginn der Schlüsselstelle im
»Kommunisten« (X+/8b+). Raumgreifende Züge
verlangen explosives Klettern.*

optimal erwischt, bei voller Kraft. Ich bleibe am Fels hängen, stürze nicht ab, setze den rechten Fuß und ziehe durch, zum ersten guten Griff.

Am Rastpunkt nach der Schlüsselstelle hält es mich nicht lange, die Kraft stimmt, und die Unruhe treibt. Ich will es abschließen, will nicht mehr ins Denken kommen, sondern die restlichen zehn Meter im neunten Grad hinter mich bringen. Zweimal ins Magnesia gegriffen, und es geht weiter. 15 Kletterzüge, in diesem Fall die Pflicht nach der Kür, dann bin ich oben.

Ein kurzer Schrei, ein Blick zu meinem aufmerksamen Kameramann, ein schneller Abstieg über eine benachbarte Route im siebten Grad. Kurzes Händeschütteln. »Bist schon ein Wilder.« Breites Grinsen meinerseits, denn ich bin mir sicher, dass er trotz dieser Bemerkung nicht genau weiß, was er wirklich gefilmt hat. Noch nie in meinem Leben war ich so klar an mein persönliches Limit gekommen: der perfekte Grenzgang in meinem Leben als Kletterer und Bergsteiger.

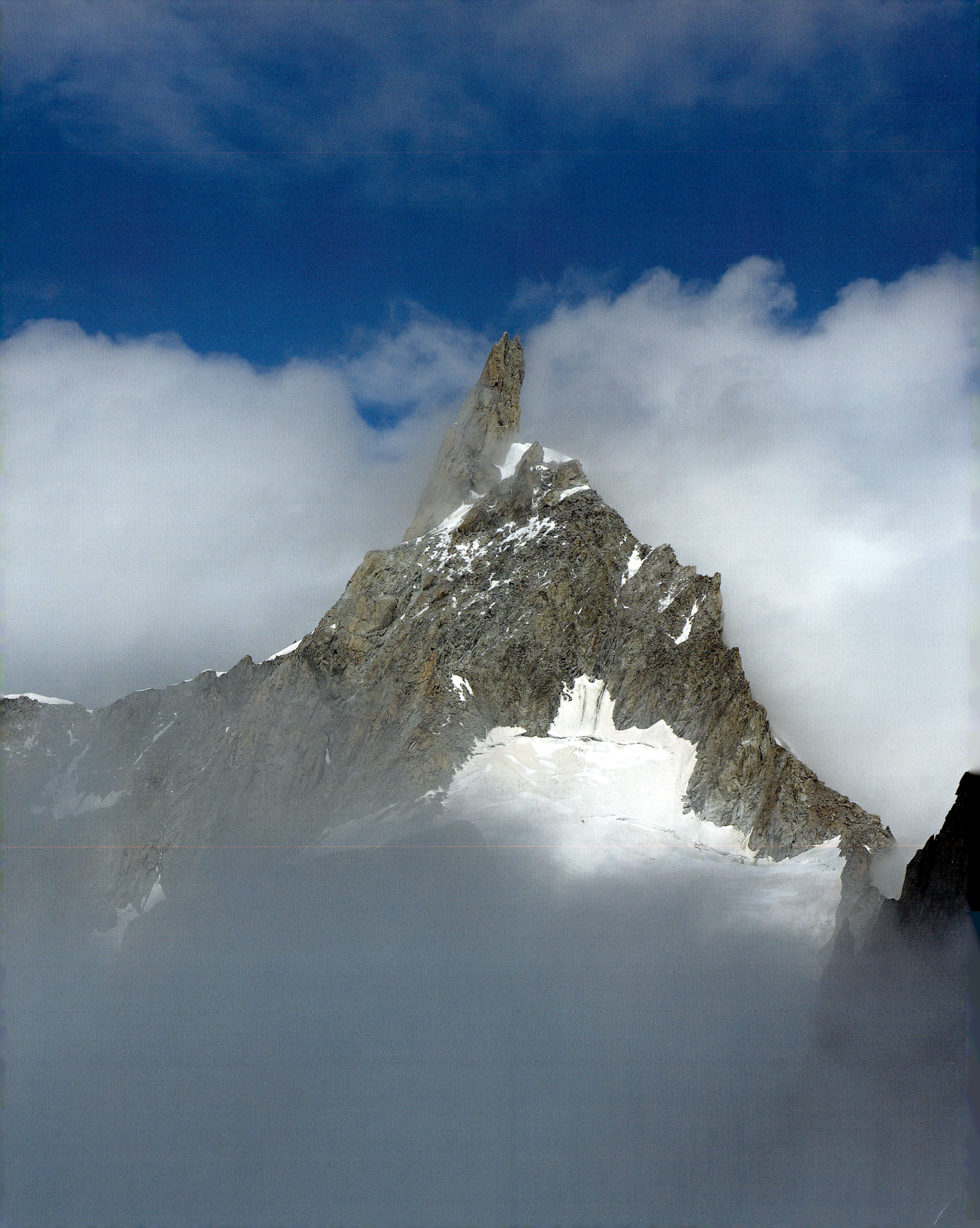

Nomen est omen – der 4013 Meter hohe Dent du Géant kulminiert in einem riesigen Granitzahn über den Gletschern des Montblanc-Massivs.

Dent du Géant

Die Ideen für bestimmte Projekte entstehen aus den unterschiedlichsten Anlässen. 2005 war ich wieder einmal in der Montblanc-Gruppe unterwegs, um meinen Vater bei der Erfüllung eines lang gehegten Traumes zu begleiten. In den vielen Jahren, die mein Vater nun schon in den Bergen unterwegs ist, hat er so ziemlich alles kennengelernt, was die Alpen hergeben. Trotzdem wird es immer wieder etwas geben, was er noch unter die Finger nehmen will. Die Ziele werden ihm nicht ausgehen. Solange er klettert, lebt er – und umgekehrt.

Mein Vater war nie einer gewesen, der sich für die Hakenleitern der Direttissimas begeistern konnte. Klassisches Bergsteigen, große Wände, die Nordwände – vom Matterhorn über die Grandes Jorasses bis zur Droites –, dafür zeigte er Herzblut. Außerdem die großen Klassiker der Dolomiten und anderer Alpengebiete, vor allem wenn sie Freikletterei verlangten. Auch wenn er nie die strikte Unterscheidung zwischen hakentechnischem Klettern und Freiklettern machte, folgte er konsequent dem Weg zu dem, was das Klettern wirklich ausmacht: das freie Klettern.

Einer seiner unerfüllten Träume war die Bonattiführe am Grand Capucin. Warum sollten wir nicht wieder einmal zusammen losziehen? Ich bin auch heute noch gern mit meinem Vater am Berg unterwegs. Nicht, dass er mit seinen 66 Jahren einen Bergführer bräuchte, der ihn durch die »Bonatti« reißt – er hat vielmehr das Problem, dass ihm für die extremeren Sachen mittlerweile die Partner ausgehen. Für mich war die »Bonatti« ebenfalls eine interessante Sache: ein wunderschöner Granitobelisk, bester Fels und eine geschichtsträchtige Route. Kurzum: Ich war dabei. Und vielleicht ...

Jeder mit seiner eigenen Motivation steigen wir über den Glacier du Géant hinauf, dem Grand Capucin zu. Ein wunderschöner Berg! Wenn ich selbst die schöpferische Kraft hätte, ich wüsste nicht, was ich an dem, was in natura vor mir steht, besser machen könnte. Es passt einfach alles perfekt zusammen.

Nachdem wir noch im Halbdunkeln und im Halbschlaf durch gletscherkalte Eisluft gewankt sind, geht jetzt, als wir am Einstieg ankommen, über den Grandes Jorasses die Sonne auf und erfüllt unsere kleine Welt mit Wärme. »Auf geht's! Jetzt steh ned so lang rum!« Mein Vater war noch nie ein Mann der großen Pausen. Bei ihm heißt es eher: »Zack, zack!« Denn das Schönste kommt ja immer erst danach.

Seillänge um Seillänge schrauben wir uns nach oben, und zwischen den vielen Griffen und Tritten bleibt immer wieder ein bisschen Zeit für die eine oder andere Erinnerung an früher. In den Sechzigerjahren war mein Vater mit seiner Horex schon mobil genug, sodass jedes Jahr mindestens einmal in die Westalpen gefahren wurde. Auf den Hütten am Montblanc gab es noch keinen touristischen Luxus, dafür traf er die großen Bergsteiger seiner Zeit. Gesehen hat er sie alle: Bonatti, Mazeaud, Terray und Rébuffat. Die Kommunikation war schwierig, wenn man zwar etwas Englisch, aber kein Französisch oder Italienisch beherrschte. Aber Bergsteiger haben ohnehin ihre eigene, wortlose Sprache. Eine Sprache, die sich in der Stimmung ausdrückt, die sich ergibt, wenn man am Abend vor einer großen Tour in einer Hütte zusammensitzt. Die Anspannung, die Ruhe vor dem Sturm – da unterscheidet sich die Welt der Alpinisten

Direkt über dem Beginn des berühmten Rochefortgrats erhebt sich der Dent du Géant. Die »Burggasser« (VII+/6b+) an der 250 Meter hohen Südwand wartet mit bestem Fels, außergewöhnlicher Eleganz und einer für das Hochgebirge beeindruckenden Ausgesetztheit auf.

tatsächlich von der Welt der Sportkletterer. Immer wieder schafft es mein Vater mit seinen Geschichten, diese Zeit für ein paar Minuten lebendig werden zu lassen. Berge sind eben doch keine leblose Masse oder nur tonnenweise kalter Fels. Wenn wir Bergsteiger unsere Sinne und Gedanken auf die Berge projizieren, dann beginnen sie sich zu verändern. Genauso wie kein Mensch dem anderen gleicht, so ist jeder Berg einzigartig und unvergleichlich. Der Berg lebt, in uns! Und tatsächlich, der Grand Capucin beginnt in mir zu leben. Ich bin völlig eingenommen von den Gedanken, die dieser Granitzahn in mir wachruft. Soll ich oder soll ich nicht? Geht das oder geht das nicht? Das ist jetzt die große Frage. Kann ich diese Route wirklich so im Griff haben, dass ich in ihr ganz allein unterwegs sein könnte? Obwohl ich mit meinem Vater in einer Seilschaft verbunden bin, wird mir teilweise ganz anders, nur weil ich in Gedanken schon ohne Seil unterwegs bin. Der Fantasie sind keine Grenzen gesetzt.

Dann höre ich wieder eine Geschichte meines Vaters, und schon bin ich mit ihm vor fast fünfzig Jahren am Montblanc unterwegs. Kaum ist die Geschichte vorbei, gehen meine Gedanken wieder zurück: Was wäre, wenn das Seil nicht wäre? Zu viel Glaube an mich selbst wäre hier extrem ungesund. Während mein Vater sich seines Lebens in der Senkrechten freut, bekomme ich mitten in der Wand einen Schweißausbruch. Der Wunschtraum, hier noch free solo klettern zu können, platzt: eine nicht wirklich freundliche Kletterstelle, mit dem unteren achten Grad hart bewertet, und gerade hier der Fels nicht perfekt.

Grundsätzlich besteht der Grand Capucin aus stabilem, grobkörnigem Granit, aber an dieser Stelle ist er der reinste Rollsplitt, das wäre selbst in der Horizontalen noch eine Schleuderpiste. Hier in der Senkrechten rutschst du aus und bist dahin, zumindest, wenn du free solo kletterst. Meine »Free-solo-in-der-Bonatti-Welt« ist zusammengebrochen. Knapp unter dem Gipfel erzähle ich meinem Vater doch, welches Kino sich in meinem Kopf abgespielt hat. »Guad, scheinbar wirst mit den Jahren doch no gscheider. Aber jetzt dua ned so lang umanand, auf geht's!« Er nimmt die nächsten Griffe in die Hand. Kurzer Blick zurück. »Host mi in der Sicherung?«

Die »Bonatti« am Grand Capucin free solo zu klettern bewertete ich als zu riskant, als für mich nicht vertretbar. Zwar ist der achte Grad für die heutige Generation der trainierten Sportkletterer keine große Herausforderung mehr, und die »Bonatti« frei zu klettern ist rein klettertechnisch gesehen keine sportliche Höchstleistung. Free solo erst recht nicht: Man spart sich das Gewicht des Seils, kann auf das lästige und kraftraubende Seileinhängen verzichten und ist damit schneller und effizienter als in Seilschaft. Aber da ist dann noch das »Aber«. Denn das ist eine rein theoretische Überlegung und damit weniger als die Hälfte der Wahrheit. Der Mensch hängt dann doch zu sehr an seinem Leben, zumindest die meisten von uns. Und die anderen von der Fraktion der heillosen Chaoten sind in den Bergen noch selten weit gekommen. 400 Meter »Bonatti«, weit über tausend Kletterzüge. Da brauchst du nur ein ganz klein wenig schlampen, und schon liegst du unten!

Ich hänge am Leben, und deswegen wurde es nichts mit der »Bonatti«. Aus der Traum. Aber wie heißt es so schön: Jedem Ende wohnt ein Anfang inne! Und auf dem Rückweg zur Turiner Hütte steht der »Neue« schon da: der Dent du Géant, 4013 Meter und eigentlich der schwierigste Viertausender der Alpen, wenn er nicht mit 300 Meter Fixseil verkabelt und degradiert wäre. Der reinste Hochseilgarten, wobei Seil da nur eine grobe Begriffsannäherung ist, es sind nämlich Taue mit zehn Zentimeter Durchmesser wie für einen Ozeanriesen. Schön bleibt der Berg trotzdem. Und die Südwand erst! Da weißt du dann, was überhängend heißt.

Das Ziel vage im Auge, stapfe ich meinem Vater hinterher. Eine tiefer gehende Betrachtung mit dem Fernglas ist jetzt natürlich nicht drin. »Was schaugst 'n scho wieder? Jetzt geh hoid weida! I hob an Durscht!« Und ich weiß genau, an was mein Vater jetzt denkt.

Später bekam ich aber dann doch noch die Gelegenheit, den Dent du Géant und seine 250 Meter hohe Südwand genauer zu erkunden. Schon auf der Turiner Hütte treffe ich einen Kletterer aus Bergamo, der diese Südwand in höchsten Tönen lobt. »Una arrampicata meravigliosa! Bella roccia, sempre strapiombante e, soprattutto, in una posizione spectaculare!« Besser scheint's gar nicht zu gehen. Beste Kletterei in supersteilem Fels! Und wie schwer? »Non lo so! Ho fatto la via in artifiziale. C'é numerosi passagi con chiodi. Ma credo che per te non c'é nessun problema di liberare la via.« Aha. Also klassisch mit ein paar Hakenleitern.

In einem deutschsprachigen Kletterführer lese ich dann noch nach, dass die »Burggasser« im Jahr 1935 die erste Route im Montblanc-Gebiet war, bei der die Haken konsequent als Fortbewegungsmittel eingesetzt wurden. Und später bekomme ich die Information, dass die Route etwa im oberen siebten Grad einchecken sollte.

Perfekt! Die Idee ist geboren und beginnt sich langsam zu entwickeln. Das Jahr ist aber vorbei, ich muss warten. Winter und Frühling ziehen mit anderen Projekten vorbei, Anfang Juli geht es wieder nach Courmayeur.

Diesmal ist Marius Wiest mit dabei, ein Spanier mit deutschen Eltern, der in Valencia und Barcelona aufgewachsen ist. Mittlerweile ist er ein spanischer Preuße, der in Bayern lebt und studiert, wenn er gerade Zeit dazu hat. Für Marius ist es das erste Mal Klettern am Massiv des Montblanc, für mich das erste Mal am Dent du

Ein zu Stein gewordener Klettertraum. Bester Granit vor der gewaltigen Kulisse des Montblanc schafft ein unvergleichliches Ambiente.

134

Jedem Ende wohnt ein Anfang inne. In der Turiner Hütte entsteht die Idee, die Südwand des Dent du Géant genauer ins Visier zu nehmen.

Géant. Anders als mein Vater ist Marius von Anfang an in die Absicht hinter der Aktion eingeweiht.

Wir brechen früh auf. Am Montblanc weiß man nie, wann die ersten Gewitter auftauchen. Was am Morgen erste kleine Wölkchen sind, die durch den thermischen Aufwind entstehen, wird später zu stattlichen Cumuli, die einen gern oben am Berg in Nebel einhüllen. Wenn dann die Sonne weiterheizt, zucken am frühen Nachmittag die ersten Blitze. Da bist du dann drin, mitten im Inferno, und glaubst, dass dir die halbe Welt um die Ohren fliegt.

Nach gut zwei Stunden Aufstieg in leichtem, kombiniertem Gelände erreichen wir zeitgleich mit der Sonne den sogenannten Frühstücksplatz, einen wunderschönen Felsblock am Beginn des berühmten Rochefortgrats. Ein gewaltiger Anblick: die weiße Firnschneide, die fast 3000 Meter über dem Tal zu schweben scheint, und direkt darüber die mächtige Granitnadel, die raketengleich in den makellos blauen Himmel fährt. Ein steiles Teil!

Der Einstieg und die nach Westen hin offene Verschneidung der ersten Seillänge liegen noch im Schatten. So bekommen wir, obwohl wir in einer Südwand klettern, doch noch die Kälte ab. Es ist überraschend kalt angesichts der heißen Temperaturen tief unten im Val Ferret, und in dieser Kälte erscheinen die Griffe ganz schön klein. In einer schweren Stelle direkt am Beginn der zweiten Seillänge werden die Finger gleich gut angenagelt. Aber wir sind schließlich nicht beim Sportklettern, sondern am Dent du Géant, und umsonst gibt es nichts. Nach der Hälfte der Seillänge endet die Verschneidung, es geht kurz um die Ecke, und endlich tauche ich in die Wärme der Sonne ein. Marius kommt nach und ist begeistert. Das macht nicht nur die Wand aus, der Fels, die fast 4000 Meter Höhe, sondern alles zusammen. Es ist ganz einfach herrlich, hier oben zu klettern, und in diesem Moment könnte es für uns nichts Schöneres auf der Welt geben. Marius steigt die nächste Seillänge vor. Eine überhängende Welle kompakten Granits steigt über uns in den Himmel, die nächste hakentechnische Passage, jetzt schon ziemlich luftig. Gut 60 Meter über dem Boden ist an sich gar nicht so viel, aber der Wandfuß ist eben keine Wiese und auch kein Schuttfeld, sondern ein 50 Grad steiles Eisfeld, das die Optik gewaltig in die Tiefe zieht.

Das macht den Unterschied: Hier oben am Dent du Géant wirkt alles so abgehoben, losgelöst von der Erde. Wir, die kleinen Kletterer, nicht mehr als winzige Fliegen auf dem Spielplatz der Giganten. Eine Wolke steigt vom Tal herauf, kurze Zeit später sind wir im Nebel. Der Überhang der dritten Seillänge ist anfällig für Nässe, was in dieser Höhe bedeutet, dass diese Meter häufig vereist sind. Im Nachstieg schaue ich mich nach Alternativen zu der problematischen Passage um. Tatsächlich sehe ich gut zwei Meter weiter rechts an freier Wand eine Serie von Griffen, die exponiert, aber trocken über die kritische Stelle führen. Passt und schaut gut aus! Über uns jetzt nochmals eine kompakte Verschneidung, kleine Griffe – exaktes Steigen, aber kontrollierbar. Sehr gut! Die kompakten Granitwellen des unteren Wandteiles sind überwunden, und der mit einer großen Verschneidung klar gegliederte obere Wandteil schaut nicht mehr gar so arg aus.

Die Meter laufen dahin, Marius und ich gewinnen an Höhe, und erst kurz vor dem Gipfel muss ich noch ein-

Guido Unterwurzacher, einer meiner Kletterpartner bei den Vorbereitungen auf die Free-Solo-Begehung der Südwand des Dent du Géant.

mal genau nachchecken. Ein vereister Überhang, in dem sechs Haken stecken, verleiht dem Ausstieg etwas Würze. Das Problem ist, dass sich direkt darüber die Wand zurücklegt und das Gelände dort mit jedem Wettersturz oder Gewitterschauer mit Schnee versorgt wird. Kaum ist das Wetter dann wieder gut, lässt die Sonne die kleinen Schneemengen abschmelzen. Gegen Abend bilden sich kleine Rinnsale, die über die Risse durch den Überhang laufen. Nachts vereist das Ganze, und weil die Sonne in die Risse, die ich zum Klettern brauche, nicht vordringt, bleiben diese vereist. Die Lösung solcher Passagen findet man in der freien Wand. Und wie schon unten in der dritten Seillänge finde ich eine Umgehung. Elegant leiten Griffe an dem Problem vorbei. Die Stelle wäre im Vorstieg nicht absicherbar, aber was interessiert mich das als Free-Solo-Kletterer schon?

Das Bild fügt sich zusammen, und anders als am Grand Capucin wird es komplett. Keine Vision, die sich im Nichts auflöst, sondern ein Edelstein, der sich zu formen beginnt und langsam auskristallisiert. Ich habe genug gesehen. Am nächsten Tag fährt eine glückliche bayerisch-spanisch-preußische Seilschaft zurück nach Berchtesgaden.

Zwei Wochen später bin ich, deutlich weniger entspannt, wieder in Courmayeur, mit dabei der Tiroler Guido Unterwurzacher. Weniger entspannt deswegen, weil ich ganz genau weiß, dass es diesmal um die Wurst geht. Noch sind die Vorbereitungen nicht ganz abgeschlossen, aber viel wird es dazu nicht brauchen. Einen Tag werde ich nochmals investieren, um die Route noch besser kennenzulernen. Die Schwierigkeiten sind überschaubar. Eine Handvoll anspruchsvoller Stellen, bei denen ich die Griffe, Tritte und die dazugehörigen Sequenzen

kennen sollte. Klar könnte ich darauf verzichten, normalerweise falle ich bei diesen Schwierigkeiten auch aus einer mir unbekannten Route nicht heraus. Vielleicht ist es fast schon eine übertrieben pedantische Vorbereitung, aber dieser eine Tag an Vorbereitung ist mir mein Leben wert. Es bleibt auch so spannend genug. Guido und ich klettern durch die Südwand, und dieses Mal vertiefe ich das Auschecken der Route. Die schwierigen Stellen klettere ich meist zweimal, manchmal auch öfter. So lange, bis ich das Gefühl bekomme, die Sequenz zu beherrschen. Zusätzlich wende ich eine neue Taktik an, die mich noch näher an die mentale Belastung einer alpinen Free-Solo-Begehung bringt. Guido lässt mich nach jeder Seillänge, die ich ausgearbeitet habe, zum vorhergehenden Standplatz ab. Dann binde ich mich aus und klettere die Seillänge noch einmal. Zwar mit Klettergurt, Schlingen und weiterem Material für den Notfall, aber doch ungesichert. Die psychische Belastung kommt der tatsächlichen Herausforderung während der späteren Free-Solo-Begehung der gesamten Wand maximal nahe. Das optimale Training!

Sollte ich der Seillänge aufgrund der Schwierigkeiten oder meiner mentalen Konstitution nicht gewachsen sein, so hätte ich immer noch einen Rettungsanker. Ich habe den Klettergurt an und Schlingen am Gurt, könnte mich also an den meist gerade an den schwierigen Kletterstellen steckenden Haken sichern. Guido könnte mir helfen, indem er mir das Seil zuwirft, mich in die Sicherung nimmt und mich so aus der Not befreit. Ich rechne zwar nicht mit so einem Notfall, aber es ist doch unheimlich gut zu wissen, dass eine rettende Hand erreichbar wäre. Außerdem hält die mentale Belastung jeweils nur eine Seillänge an. Es ist ein riesiger Unterschied, ob ich 30 Meter free solo klettere oder gleich die ganze Wand. Aber ganz zahnlos ist der Tiger trotz allem nicht.

Gegen Mittag kommen Guido und ich am Gipfel an. Für Guido ist die Welt in Ordnung – sein erster Viertausender –, und auch für mich steht alles zum Besten. Ich habe gesehen, was ich sehen wollte. Und ich weiß, dass es jetzt so weit ist. Wenn die Rahmenbedingungen passen, werde ich morgen die »Burggasse« am Dent du Géant free solo klettern. Wir seilen uns über die Südwand zum Einstieg ab und steigen zurück zur Turiner Hütte. Dann kommt das

Mächtig thront der eisige Gipfel des Montblanc über dem Glacier du Géant.

Hoch über den Gletscherspalten des Glacier du Geánt beginne ich meine Reise durch die vertikale Welt.

Unvermeidliche: Ein heftiges Gewitter braut sich über dem Montblanc zusammen und überzieht auch den Dent du Géant mit kräftigen Schauern und einer ganzen Batterie von Blitzen. Als sich am späten Abend die Wolken wieder langsam lichten, geben sie den Blick auf eine frisch verschneite Hochgebirgslandschaft frei. Den nächsten Tag können wir zum Klettern vergessen! Da braucht es einige satte Sonnenstunden, bis der Schnee wieder weg ist. Ein Tag Zwangspause …

Diesen schönen Sommertag auf der Turiner Hütte kann ich allerdings nicht so recht genießen, vor allem weil ich von der Terrasse aus ständig die weit oben thronende Südwand des Dent du Géant sehe. Meine Gedanken sind dort oben, die Spannung steigt.

Die Wand sieht mächtig aus. Ist es nicht vermessen, als kleiner Mensch diese Mauer einfach so hinaufklettern zu wollen? Aber es hilft nichts, da muss ich durch. Es führt kein Weg mehr zurück. Jetzt, wo ich da bin, die Wand kenne, gibt es diese Mauer hinter mir, die mich nicht mehr umkehren lässt. Kein anderer könnte mich dazu zwingen, diese Wand free solo zu klettern. Ich selbst bin es, der es mir unmöglich macht umzukehren.

Trotzdem werde ich am nächsten Morgen nicht einfach so free solo durch die Südwand klettern. Der Schnee, der auf den Bändern liegt, wird einiges an Vereisung gebracht haben. Auch wenn ich den problematischen Stellen taktisch aus dem Weg gehe, kann ich mir nicht sicher sein, dass nach diesem Schneefall alles eisfrei und trocken ist. Aber ich habe einen Plan!

Guido und ich brechen früh auf, damit ich ausreichend Zeit habe. Der Plan ist, zur Kontrolle zuerst einmal in Seilschaft durch die Südwand zu klettern. Erst wenn ich weiß, dass die Wand nach dem Schönwettertag tatsächlich komplett sauber ist, werde ich nochmals einsteigen. Erst dann werde ich auf die Sicherheit des Seils verzichten.

Bei unserem Kontrollgang ergibt sich nur an einer Stelle, fast am Ausstieg, ein kleines Problem, eine vereiste Platte, über die schon das erste Schmelzwasser des Tages zu laufen beginnt. Doch ich finde weiter rechts um die Kante eine Möglichkeit, die Stelle ohne größere Schwierigkeiten zu umgehen. Wir erreichen den Gipfel, und mir ist klar, was ich jetzt tun werde. Während Guido am Gipfel bleibt, werfe ich die Seile aus und beginne mit dem Abseilen über die Südwand. Eine halbe Stunde später erreiche ich den Wandfuß.

Am Einstieg mache ich keine lange Pause. Ich will nicht nur die unruhige Zeit des Abwartens verkürzen, es ist auch das Wetter, das den Ablauf bestimmt. Noch sind keine Anzeichen von thermischer Überentwicklung zu sehen, aber wenn man Gewittern aus dem Weg gehen will, ist es vernünftig, früh genug dran zu sein. Ich nehme die Seile auf und trage sie zum Einstieg hinüber. Dann ziehe ich langsam den Gurt aus. Kletterschuhe, Magnesia, ich bin so weit. Ich mache den ersten Schritt und steige ein. Es beginnt leicht, spielerisch. 20 Meter vierter Grad, ein Absatz. Direkt darüber die erste schwierige Stelle. Es ist bei Weitem nicht mehr so kalt wie zuvor, als ich sie mit Guido kletterte. Das angenehme Gefühl der jetzt moderaten Temperaturen lässt mich ohne Bedenken über die imaginäre Startlinie klettern. Ich habe die Tür hinter mir zugezogen, und für gewisse Zeit bin ich jetzt in einer abgetrennten Welt unterwegs. Ein Raum, der nur von mir ausgefüllt ist, der nur für mich existiert. Wie Watte

Entspannte Atmosphäre nach der Free-Solo-Durchsteigung. Guido und ich am Gipfel des Dent du Géant.

legt sich dieses Vakuum um mich. Wie ein Schweben im Leeren, über dem Rochefortgrat, 3000 Meter über dem Val Ferret. Weit genug weg, um für nichts mehr erreichbar zu sein.

In der dritten Länge überrascht mich eine Stelle, die nun doch, trotz aller Vorsichtsmaßnahmen, ungeplant von Wasser überronnen wird. Dummerweise handelt es sich um eine der schwierigsten in der Südwand. Was das für die Kletterbarkeit bedeutet, kann ich noch nicht hundertprozentig abschätzen, beschließe aber, es von der vorsichtigen Seite her anzugehen. Über die ersten, nur leicht feuchten Griffe klettere ich in die Stelle hinein und taste den Klammergriff ab, den ich für den härtesten Zug brauche. Das Wasser rinnt zum Glück nicht in Strömen drüber. Meine einzige Chance besteht darin, den Griff für kurze Zeit trockenzulegen. Ich ziehe mich noch einmal zurück. Im Magnesiasack habe ich für diesen Fall einen ganz kleinen Lappen. Mit ihm zwischen den Zähnen klettere ich wieder hinauf und trockne den Griff ab, so gut es eben geht. Dann klatsche ich noch eine ganze Ladung Magnesia mit der Hand über den Griff. Er ist jetzt gut trocken, viel Zeit bleibt mir aber nicht. Besser, ich klettere nicht zurück, sondern starte direkt durch.

Noch einmal tauchen meine Finger ins Magnesia. Ich erfühle die Feinstruktur des Griffes, bestimme die optimale Position der Finger, erst dann greife ich zu. Dafür aber mit voller Kraft. Denn erst das Aufwenden der doppelten Kraft gibt mir jetzt die Sicherheit, unter diesen Bedingungen die Stelle stressfrei hinter mich zu bringen. Auf dem Band vor der vierten Länge brauche ich eine kurze Auszeit. Es ist der perfekte Platz dafür: Das Band bildet mit der Verschneidung der nächsten Länge eine kleine, geschützte Ecke, und die Sonne strahlt eine angenehme Wärme in diesen Winkel. Ich lehne mich zurück, schließe die Augen und denke an – nichts. Ich schwebe auf Wolke sieben und muss aufpassen, dass ich die Schwerkraft nicht völlig vergesse.

Noch einmal geht es steil zur Sache. Dann stehe ich nach kurzer Zeit in der großen Verschneidung, die den Weg durch den oberen Wandteil vermittelt. Fast schon geborgen fühle ich mich hier oben, versteckt in diesem Felswinkel, der mich die gähnende Leere unter mir weniger spüren lässt. Nur eine trügerische Sicherheit … Die Anspanung sinkt – und doch ist es gerade hier lebenswichtig, voll dabeizubleiben!

Nach nicht mehr als 40 Minuten klettere ich über den letzten kleinen Überhang. Direkt darüber sehe ich Guido, der gespannt auf mich wartet. Zusammen gehen wir die letzten Meter zum Gipfel.

Es ist ein warmer Tag, selbst auf mehr als 4000 Metern sind die Temperaturen angenehm. Fast schon wie im Biergarten – fehlt bloß der Klang der Maßkrüge. Der Blick auf die von den vielen Blitzeinschlägen gezeichnete Madonna am Gipfel reißt mich aus den Träumen. Noch ist es nicht so weit, ein letztes Mal ist Konzentration gefragt. Das Abklettern über den Normalweg ist mit dem fünften Grad nicht wirklich schwierig, aber es dauert, und Fehler darf ich mir auch jetzt noch keinen leisten. Erst ganz unten im Tal wird es vorbei sein …

*Beim frühen Aufbruch zum Dent du Géant leuchtet die
Brenvaflanke des Montblanc im ersten Morgenlicht.*

Eine Riesenwand aus bestem Kalk – die Südwand der Marmolada. Ein Griffausbruch ist in den schwierigsten Seillängen im »Weg durch den Fisch« (IX–) praktisch ausgeschlossen, gleichzeitig ist aber die Kletterei von extrem heikler Natur. Hansjörg Auers Free Solo ist einer der großen Meilensteine im gesamten Klettersport.

Immer höher, immer schwieriger

Die erste Steigerung nach der Direttissima an der Großen Zinne war wieder einmal in den Dolomiten zu finden. Im April 2007 durchsteigt der 23 Jahre junge Tiroler Hansjörg Auer an der Marmolada-Südwand den »Weg durch den Fisch« free solo. Schwierigkeitsgrad IX–, 900 Meter Wandhöhe, ein echter alpiner Marathon, selbst wenn die Hauptschwierigkeiten nach 600 Metern enden. Der Fels ist zwar entschieden besser als der an den Drei Zinnen – der »Fisch« besteht ausschließlich aus bestem Kalk –, aber gerade die schwierigen Stellen sind von extrem heikler Natur. Kleine, oft abschüssige Löcher als Griffe, marginale Reibungsdellen als Tritte – kein Spaß, wenn man hier ungesichert klettert.

Das Erstaunlichste ist, dass Hansjörg Auer auf ein tiefer gehendes Kennenlernen und Einüben der Schlüsselpassagen verzichtet. Und das, obwohl er drei Jahre zuvor in Seilschaft vergeblich versucht hatte, den »Fisch« rotpunkt zu klettern. Als Vorbereitung gönnt er sich nur einen einzigen Tag, an dem er vom Gipfel der Marmolada über die Route abseilt. Vor allem im zentralen Wandteil, unter- und oberhalb des »Fischs« – der namengebenden Felsnische in der Wandmitte –, checkt er die schwierigsten Stellen, prägt sie sich ein, markiert die wichtigsten Griffe und Tritte. Das war's. Bei einer fast einen Kilometer hohen Wand bleiben da wohl nur die wichtigsten Fragmente an Informationen zuverlässig im Gedächtnis.

Im Winterraum der Falierhütte macht er es sich gemütlich. Er ist nicht allein: Ein deutsches Ehepaar will am nächsten Tag den Genussklassiker »Don Quixote« begehen. Auf die Frage, warum er mit zwei Halbseilen allein vom Einstieg herunterkommt, gibt Hansjörg zur Antwort, dass er den »Fisch« free solo versuchen möchte. Daraufhin die Deutschen: »Was heißt versuchen?« Sie können es nicht glauben.

Am darauffolgenden Morgen, am 29. April, lässt Hansjörg sich Zeit. Als Alleingänger hat er es nicht eilig, er wird schnell sein. Während es in der »Don Quixote« schon rundgeht, sitzt er noch vor der Hütte bei seinem Frühstück.

Die Ruhe vor dem Sturm. Hansjörg Auer bei den letzten Vorbereitungen vor dem Einsteigen.

Hansjörg Auer
Der »Weg durch den Fisch«

Ich genieße die totale Stille vor der Falierhütte. Immer wieder schaue ich hinauf zum »Weg durch den Fisch«. Eine einmalige Linie zieht sich mitten durch den großen Panzer der Silberplatten, unterbrochen nur von der fischförmigen Nische in halber Wandhöhe, die der Route den Namen gibt. Ich weiß, dass ich gleich aufbrechen werde. Schön langsam werde ich doch etwas nervös. Eine innere Anspannung überkommt mich und lässt meine Motivation steigen. Doch ich warte noch ein bisschen. Die Sonne scheint noch nicht in die gesamte Route. Ich möchte vermeiden, dass meine Finger kalt werden. Sie sind es, die in den kommenden Stunden das Wichtigste sind, sie werden mich tragen und führen. Ich denke kurz darüber nach, wie viele Griffe sie wohl halten werden, doch die Rechnung ist mir im Augenblick zu schwer. Mein Kopf kann diese Aufgabe nicht mehr ausführen. Er ist schon lange vorbereitet und nur mehr auf ein Ereignis ausgerichtet. Seit Weihnachten denke ich immer wieder an den Augenblick, den ich gerade erlebe. Ich kann es kaum erwarten.

Ich breche auf. Nach 20 Metern schaue ich noch einmal zurück zur Hütte. Niemand ist hier, keiner wird mich beobachten. Ich stelle mir vor, wie es sein wird, wenn ich wieder hierher zurückkehre, um meine Ausrüstung vom Winterraum zu holen. Werde ich erfolgreich gewesen sein? Werde ich vom Gipfel zurückkommen oder doch wieder vom Wandfuß? Ich weiß es nicht. Niemand weiß es. Oder komme ich gar nicht mehr zurück? Nein, dafür habe ich zu viel Selbstvertrauen. Ich bin vollgepumpt mit Motivation, Tatendrang und Glauben an mich selbst. Diese Mischung wird mir die nötige Ruhe, Konzentration und Kraft geben. Ab nun tauche ich in eine andere Welt ein. Ich falle in eine leichte Trance. Irgendwie nehme ich meine Umgebung nicht mehr so richtig war. Ich habe nur ein Ziel. Niemand kann mich aufhalten. Meine Schritte zum Beginn der Route sind wie ferngesteuert.

Die Gore-Tex-Jacke habe ich um meine Hüfte gebunden. In der rechten Hand halte ich meine Kletterschuhe und den Magnesiabeutel. In die kleine Tasche an der Rückseite des Beutels habe ich einen Schokoriegel geschoben. Den halben Liter Eistee, Sorte Pfirsich, hält meine linke Hand. Ich erreiche den Wandfuß.

Ich trinke den Eistee, verrichte noch einmal mein Bedürfnis, vertausche meine Zustiegsschuhe mit den Kletterschuhen. In den Riemen des Magnesiabeutels fädle ich meine Turnschuhe

Haltlose Platten charakterisieren den zentralen Teil im »Weg durch den Fisch« (IX–). Hansjörg Auer arbeitet mit voller Konzentration und Entschlossenheit gegen den saugenden Abgrund.

ein. Beim Abstieg über den Gletscher werde ich sie noch brauchen. Bereits ab jetzt gibt es kein Zurück mehr, obwohl es noch einfach wäre. Es gibt aber auch keinen Gedanken oder Wunsch an das Zurück. Alles geht wie von allein. Der Trancezustand wird intensiver. Ich bin unheimlich konzentriert und fokussiert. Die Nervosität steigt. Auch wenn es viele nicht glauben werden: Es gibt keine Angst. Ich freue mich auf das Kommende. Genau dieser Zeitpunkt ist es, auf den ich schon seit Monaten warte. Ich schüttle kurz die Arme, ein kleines Stoßgebet zum Vater, und los geht's. Es ist der 29. April 2007, 9.00 Uhr.

Auf den ersten Metern klettere ich noch etwas zittrig, die Bewegungen sind alles anders als flüssig. Am ersten Stand atme ich noch einmal bewusst durch und klettere weiter. Über ein Band geht es kurz nach links. Von da an komme ich in einen ungemeinen Geschwindigkeitsrausch. Ich fühle mich so sicher, und für mich gibt es in diesem Moment nur noch mich selbst. Es mag egoistisch klingen, aber ich rücke komplett in den Mittelpunkt und in die persönliche Wahrnehmung. Es gibt keine anderen Menschen mehr. Es gibt keine Gedanken mehr. Alles läuft ab wie in einem Film. Ich bin ferngesteuert und fühle mich unheimlich leicht. Die Bewegungen meines Körpers sind harmonisch und von ausgesprochener Leichtigkeit.

Ich erreiche den schwierigsten Teil der Wand. Die Vorspeise der ersten 15 Seillängen liegt nun schon hinter mir. Ich gehe noch einmal kurz in mich, bevor ich zum Hauptgang übergehe. Die folgenden acht Seillängen kenne ich zum größten Teil von gestern. Sie sind der Schlüssel zur Erfüllung meines Traums. Ich rufe meine Erinnerungen ab. Alles läuft wie am Schnürchen. Auch wenn ich in der ersten schwierigen Seillänge in eine falsche Trittsequenz gerate, ich merke es kaum. Von selbst korrigiert meine Motorik den kleinen Fehler.

Die Tritte werden immer kleiner, die Kletterei wird anspruchsvoller. Ich weiß nicht, wie lange ich schon in der Wand bin. Ich habe kein Zeitgefühl mehr. Ich schaue nach oben. Eine leichte Verschneidung, ziemlich glatt, garniert mit zwei Untergrifflöchern, die aus dem grauen Fels gelblich abgekratzt herausstechen, steht vor mir. Die Schlüsselstelle. Es wird ernst.

Der Atem beruhigt sich, und jeder Muskel im Körper arbeitet auf Hochtouren. Die folgende Sequenz erfordert eine besonders feine Fußtechnik, gepaart mit voller Entschlossenheit. Ich setze den linken Fuß auf Reibung hoch, Zeige- und Ringfinger verkrallen sich in dem kleinen Schlitz weit oberhalb. Ich muss Spannung aufbauen, mehr, noch mehr – eindrehen – die linke Hand schnellt weit hinauf. Ja, ich habe das gute Loch. Meine Finger schließen sich. Nach rechts geht es hinaus zum Fisch, die Felsnische in halber Wandhöhe. Nur kurz setze ich mich hin. Ich will weiter. Weiter in die senkrechte Felslandschaft. Es wird steiler. Die Muskeln werden langsam müde. Doch nun gibt es kein Band mehr, wo ich mich hinsetzen könnte. Ich muss konzentriert bleiben.

Am Ende dieser Seillänge wartet noch das Einfingerloch. Die glatte Platte hinauf zum Riss folgt anschließend. Doch warum denke ich plötzlich so weit nach vorne? Liegt das daran, dass ich denke, ich habe es gleich geschafft? Pass auf, die noch vorhandene Energie gehört dem Moment, bleib ruhig. Ich erreiche den nächsten Stand. Jetzt noch einmal aufpassen. Zwei Seillängen sind es noch bis zum Ende der Hauptschwierigkeiten. Wie von selbst gleite ich förmlich über die glatte Platte dieser Seillänge und erreiche den Riss.

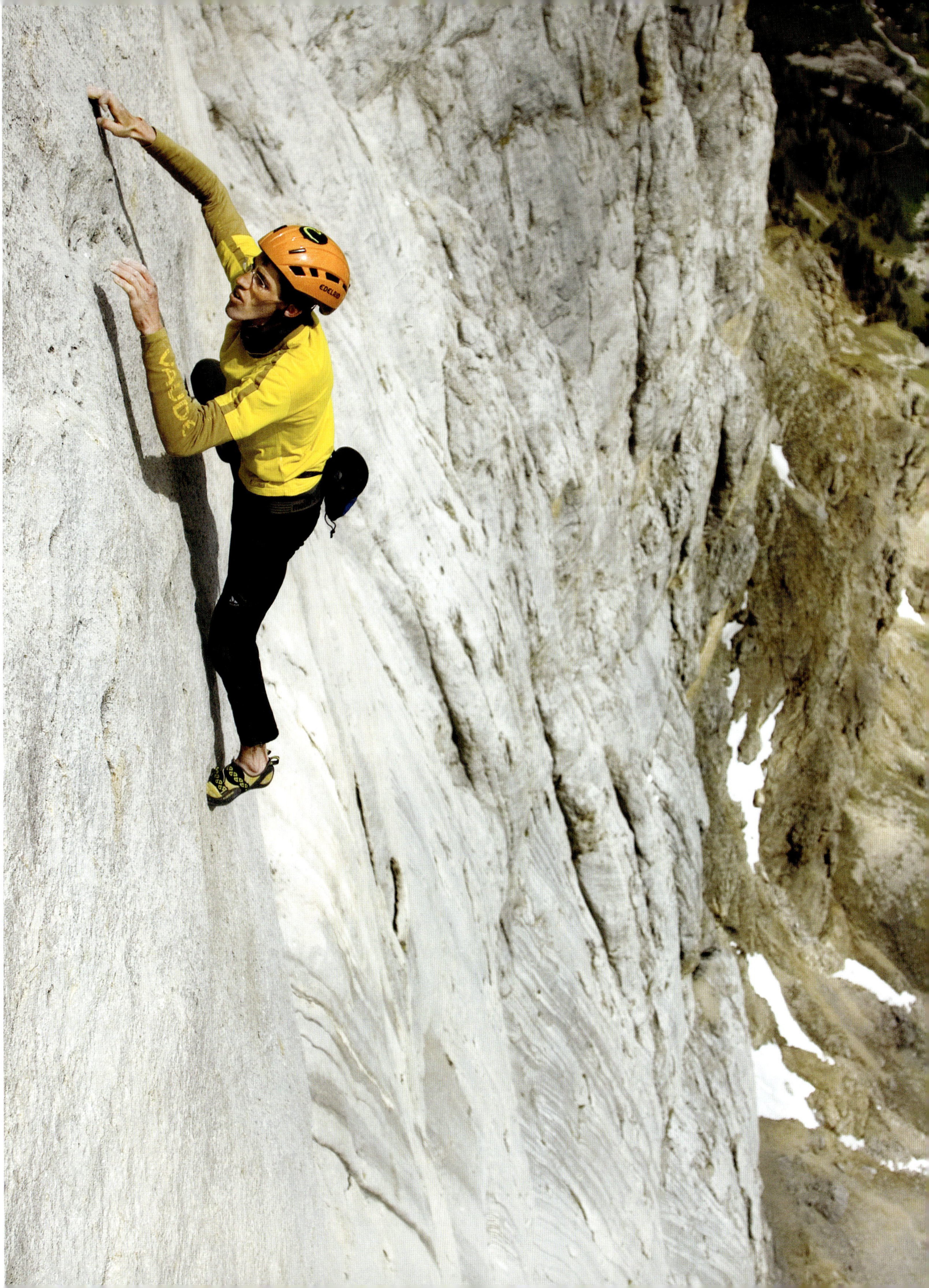

Die Free-Solo-Begehung des »Wegs durch den Fisch« (IX–) durch Hansjörg Auer repräsentiert den aktuellen Stand der Kunst in der wohl kompromisslosesten Ausprägung des vertikalen Sports.

Unvorstellbar, wie einfach mir hier die Kletterei vorkommt. Ich kann es kaum glauben. Wie ein Dompteur meiner Bewegungen fühle ich mich. Ich quere nach rechts zur leicht überhängenden Rissverschneidung und erreiche das große Band in gut zwei Drittel der Wandhöhe.

Kurz spüre ich das unbeschreibliches Gefühl, es geschafft zu haben. Doch es ist noch nicht vorbei. Ich schlüpfe aus meinen Kletterschuhen. Die Zehen schmerzen. Ich nehme etwas Flüssigkeit zu mir – gestern habe ich eine kleine Dose hinter einem Stein versteckt. Mein Gaumen ist sehr trocken. Im oberen Teil lassen die Schwierigkeiten zwar merklich nach, dafür wird die Felsqualität etwas schlechter. Also Vorsicht. Ich weiß nicht, wie lange ich schon hier sitze. Vielleicht fünf Minuten, vielleicht zehn. Egal, ich will weiter.

In einer unvorstellbaren Ekstase laufe ich förmlich die Ausstiegsrisse hinauf. Das ist kein Klettern mehr. Um exakt 11.55 Uhr erreiche ich den Ausstieg und den letzten Standplatz vom »Weg durch den Fisch«. Ich habe keine Erinnerung an die Ausstiegsplatten, auch nicht an die brüchige Verschneidung zwei Seillängen unter mir. Ich bin einfach nur müde und ausgelaugt. Ich sitze in der Sonne und schaue in die leere Luft.

Ich kann noch gar nichts fassen. Ich weiß nur eines, dass ich mich bald auf den Weg über die ausgedehnten Firnfelder des Marmoladagletschers machen werde, um zu meinem Auto zu gelangen. Ich muss noch meine Sachen von der Falierhütte holen, bevor ich wieder nach Hause fahren werde. Die neue Dimension, die ich in den vergangenen Stunden in Sachen Free-Solo-Klettern eingeläutet habe, werde ich erst später realisieren. Ich fühle mich total leer.

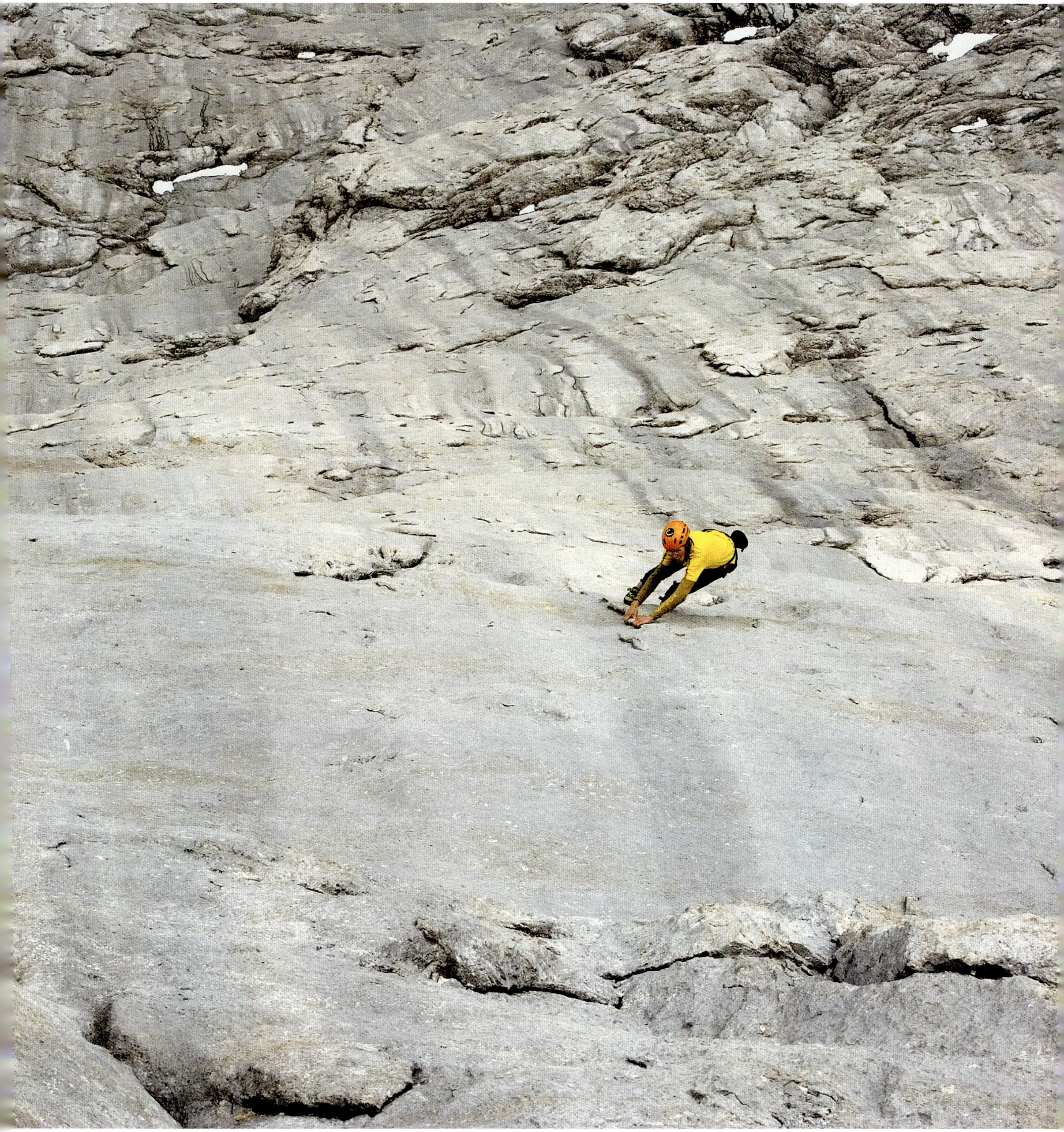

Wohin geht die Reise?

Während Hansjörg allein im »Fisch« unterwegs war, machten die zwei Deutschen aus der »Don Quixote« ein Foto von dem Alleingänger. Ein Foto, das später für großes Aufsehen sorgen sollte. Tatsächlich war der Tiroler ohne Seil unterwegs, nur mit Helm und Magnesiabeutel ausgerüstet – und mit einer unglaublichen Portion mentaler Stärke. Er durchstieg den »Weg durch den Fisch« free solo in nur 2 Stunden und 55 Minuten!

Von einem »Meilenstein in der Alpingeschichte« schrieb daraufhin die alpine Presse, die von den staunenden Zaungästen über diese einmalige Kletterleistung informiert wurde. Tatsächlich mussten sich die Journalisten erst einmal auf die Suche nach dem jungen Tiroler machen. »Ich hätte das gar nicht großartig herumerzählt«, sagt Hansjörg Auer im Gespräch. Und man glaubt es ihm gern.

Der »Weg durch den Fisch« an der Marmolada-Südwand wurde 1981 von den Slowaken Igor Koller und Jindrich Šustr erstbegangen. Obwohl sie zum Teil technisch kletterten, wurde bald klar, dass es sich damals um die schwierigste Route der Dolomiten handelte. Zu Beginn war der Gedanke an eine freie Begehung der Linie so absurd, dass es sechs Jahre dauerte, bis sich Heinz Mariacher, der »Hausmeister« der Marmolada, zusammen mit Manolo Zanolla den roten Punkt sicherte.

Drei Jahre später kletterte Maurizio Giordani die Route im zehnstündigen Alleingang, wobei er über einige Seillängen hinweg gesichert unterwegs war. Den vorläufig letzten Abschnitt schrieben dann die Südtiroler Roland Mittersteiner und Hanspeter Eisendle 1992 mit der ersten Onsight-Begehung. Die Szene war tief beeindruckt von der Performance der beiden Südtiroler, und man glaubte, dass »dem ›Fisch‹ nun auch die letzte Gräte entfernt worden ist«. So kann man sich täuschen.

Das Freiklettern ist heute weit fortgeschritten. Was in den Achtzigerjahren noch das Tun eines wilden Haufens Felsfanatiker war, ist heute im High-End-Bereich ein ausgewachsener Spitzensport. Die ganz großen Entwicklungssprünge werden sich heute nicht mehr wiederholen. Wer aber glaubt, der Alpinismus sei tot, der täuscht sich.

Das Bergsteigen lebt auch heute noch! Postulierte man Anfang der Siebzigerjahre zu Recht, das Klettern sei durch den »Mord am Unmöglichen« am Ende, so sind der Kreativität der heutigen Protagonisten scheinbar keine Grenzen gesetzt. Ob im Fels, im Eis oder in der Höhe, erstaunlicherweise findet sich immer wieder etwas Neues, was die alpine Öffentlichkeit in Staunen versetzt. Das ständige Verschieben der Grenzen des gerade noch Machbaren beweist, dass der Alpinismus noch nie so lebendig war wie heute. Und gerade in Sachen Free-Solo-Klettern sind wir noch weit von dem entfernt, was man als Grenze definieren könnte. Denn alles, was frei möglich ist, ist prinzipiell auch free solo machbar. Mehr als irgendwo sonst stellt sich hier aber die Frage, welches Risiko noch vertretbar ist.

Meine persönliche Erweiterung des Horizonts bezog sich nach der Direttissima in der Nordwand der Großen Zinne nicht auf eine höhere Schwierigkeit, sondern auf eine größere Höhe. Ich wollte etwas für mich Neues machen. Am Dent du Géant sammelte ich meine ersten

Im Jahr 2008 führte mich meine persönliche Free-Solo-Reise zum schwierigsten Berg der Alpen, dem Grand Capucin. Der leichteste frei kletterbare Weg auf diesen Granitturm ist die Schweizerführe mit Schwierigkeiten im soliden siebten Grad.

Erfahrungen mit dem unbekannten Metier, in dem man nicht nur die Schwierigkeiten, sondern in weit größerem Maß das Wetter, die Nässe und die Vereisung mit einbeziehen muss. Ich war glücklich darüber, diesen neuen Schritt gemacht zu haben, mein ursprünglicher Plan aber war noch nicht wirklich abgeschlossen. Der Grand Capucin als schwierigster Gipfel der Alpen hatte mich noch nicht losgelassen.

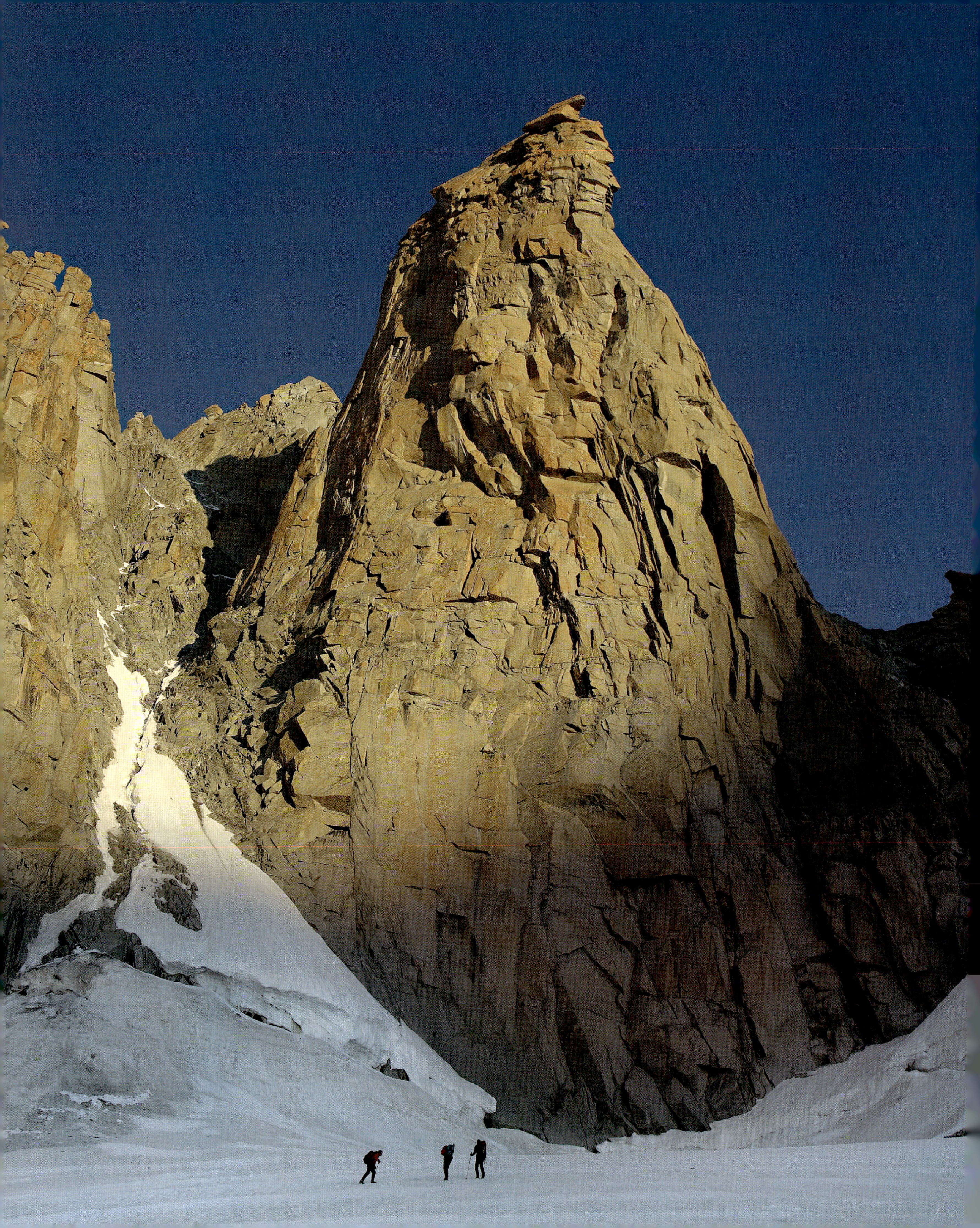

Der 3838 Meter hohe Grand Capucin inmitten der Gletscherwelt des Montblanc-Massivs. Die Schweizerführe verläuft entlang dem schwach ausgeprägten Pfeiler im linken Bereich der Ostwand.

Die Geschichte einer besonderen Begegnung

Wenn sich Kletterer und Bergdohlen am Gipfel treffen, sind die Bedürfnisse klar. Die einen wollen die verdiente Aussicht, die anderen den Proviant, den Erstere für gewöhnlich zum vollendeten Gipfelglück mit sich führen. In diesem Fall, auf dem Grand Capucin, haben die beiden Dohlen allerdings schlechte Karten. Denn der Kletterer, so leid es ihm tut, hat nichts dabei. Kein Brot. Auch kein Seil. Gar nichts.

Der Kletterer sitzt da und denkt sich: Sorry, dass ich für euch zwei nichts dabeihabe. Entsprechend kurz ist auch das Interesse der zwei Dohlen. Sie landen, hüpfen ein wenig herum, kommen näher. Mal vor, dann wieder zurück, aber doch mit der Tendenz zur zunehmenden Annäherung. Als aber nach zwei Minuten immer noch nichts Essbares auftaucht, heben die beiden ab und kreisen um den Gipfelturm des Grand Capucin. Bevor sie endgültig entschwinden, geben sie der Begegnung eine letzte Chance. Noch einmal landen sie direkt neben mir, schauen mich an, wiegen ihre Köpfe hin und her, als würden sie die Lage beurteilen. Ich kann nur mit den Achseln zucken, ich habe kein Essen dabei. Die Dohlen verstehen und heben ab. Entfernen sich schnell und mit einer Leichtigkeit, die an diesem Ort nur den Vögeln gegeben ist. Für die Dohlen ist es völlig normal, diesen Gipfel mühelos wieder zu verlassen.

Mit seinen 3838 Metern gehört der Grand Capucin nicht zu den großen Gipfeln im Montblanc-Massiv. Trotzdem steht er seit der Erstbegehung der Ostwand durch Walter Bonatti und Luciano Ghigo bei den Kletterern hoch im Kurs. Einerseits war Bonatti mit seiner Begehung im Jahr 1951 seiner Zeit voraus, was die Route berühmt und begehrt gemacht hat. Andererseits ist es eben der wunderschöne Granit, der den Grand Capucin so attraktiv macht. Die in den Alpen einzigartige Gestalt dieses Turms machte ihn für mich zu einem besonders herausfordernden Ziel für eine Free-Solo-Begehung. Ganz allein und ohne Seil wollte ich auf diesem Gipfel stehen, der nur für engagierte Kletterer erreichbar ist und wohl als der schwierigste Berg der Alpen gelten kann.

Anfang Juli 2008 war ich ein erstes Mal am Grand Capucin, um zusammen mit Werner Strittl dieses Vorhaben zu erkunden. Tatsächlich fand ich entlang der Schweizerführe einen bei Schwierigkeiten bis zum siebten Grad verhältnismäßig leichten Weg. Das 100 Meter hohe Einstiegscouloir ist nicht wirklich schwierig, trotzdem kann der oft riesige Bergschrund an manchen Tagen problematisch sein, vor allem dann, wenn der Schnee nicht hundertprozentig durchgefroren ist. Die folgenden 300 Meter Fels beginnen zunächst recht gutmütig. Zuerst vierter, fünfter Grad, griffiger Granit, nicht wirklich steil. Dann, nach fünf Seillängen, zieht die Schwierigkeit an. Es wird senkrecht, der Fels monolithisch, nur von wenigen Rissen durchzogen. An der Hakenleiter der Schlüsselstelle finde ich einen Riss, der zwischen der Schweizerführe und der Route »O Sole Mio« einen idealen Ausstieg ermöglicht. Das Projekt könnte machbar sein.

Doch mit dem Erreichen des Gipfels ist die Aufgabe noch nicht gelöst. Schon 1911 formulierte Paul Preuß in seinem berühmten Aufsatz zum Mauerhakenstreit: »Wenn man irgendwo nicht hinunterkann, soll man auch nicht hinauf [...]. Aus eigener Kraft Schwierigkeiten

Inmitten der Headwall der Schweizerführe (VII/6b).

überwinden, im Aufstieg wie im Abstieg, das ist ein Postulat einer ehrlichen, sportlichen Überzeugung.« Ich musste, nachdem ich keine Bergdohle war, nach der Free-Solo-Besteigung also auch auf irgendeine Weise wieder vom Gipfel herunterkommen!

Logischerweise erkundete ich dabei zuerst den Weg der Erstbesteiger aus dem Jahr 1924, der von der rückwärtigen Scharte direkt zum Gipfel führt. Aber, große Überraschung: Direkt oberhalb der Scharte traf ich auf eine unüberwindbare Mauer aus monolithischem Granit. Die Erstbegeher waren diesem Problem mit einer Art »Klettersteig« aus riesigen Eisenstiften zu Leibe gerückt, die sie alle fünf Meter im Fels versenkt hatten. Was früher vermutlich mit Leitern und Seilen verbunden war, ist heute ein mit konventionellen Mitteln nicht mehr gangbarer Weg.

Wie also zurück? Eine Woche später erkundete ich mit dem Südtiroler Kurt Astner die verschiedenen Möglichkeiten, und bald stellte sich heraus, dass es keine andere Lösung gab: Zurück ging es nur auf dem gleichen Weg, auf dem ich nach oben gekommen war. Entlang der Schweizerführe einfach wieder runter. Einfach? Ist es nicht … Beim Abklettern fehlt der Überblick, man ist im Bewegungsablauf bei Weitem nicht so routiniert wie auf dem Weg nach oben, und außerdem schaut man ständig hinunter, in die saugende Leere.

Nach den Erkundungsgängen im Juli hatte ich die Route gut genug kennengelernt, um das Vorhaben sicher umsetzen zu können. Doch das relativ schneereiche Frühjahr zwang mich zum Abwarten. Nach wie vor lag zu viel Schnee am Berg, gerade bei Schönwetter gab es Unmengen an Schmelzwasser. Untertags waren die Risse nass, nachts vereisten sie, ein Klettern ohne Sicherung war nicht denkbar. Nur bei perfekten Bedingungen kann ich ohne Sicherheitsreserven klettern!

Am 5. August ist es dann so weit. Das Wetter ist stabil, und auch der Fels und alle Risse sind vollständig trocken und eisfrei. Um zehn Uhr starte ich vom Schneecouloir in den Fels, 59 Minuten später bin ich oben. Ich spüre die Isoliertheit. Ich stehe völlig frei und allein auf dem schwierigsten Gipfel der Alpen. Es gibt keine Sicherheit, die von außen kommt. Ich selbst trage für meine Sicherheit die Verantwortung. Diese Gewissheit kostet Kraft, viel Kraft.

Der Gipfel kommt mir wie eine verbotene Zone vor. Ich sitze oben, und um mich herum ist nichts anderes als senkrechte Wände, die in die Tiefe ziehen. Und hier soll ich wieder runter … Würde ich das, was vor mir liegt, als Ganzes betrachten: Die Wucht der Herausforderung würde mich erschlagen. Ich muss die 400 Meter Wand im Detail sehen, in kleine Einzelteile zerlegen, um erkennen zu können, dass jeder einzelne Kletterzug für mich machbar ist und mich Meter für Meter wieder aus dieser verbotenen Zone führt.

Die Dohlen sind dahin, und dieses Mal ist der Gipfel für mich nicht mehr als ein Etappenziel. Nach nur fünf Minuten Pause mache ich mich auf dem Weg nach unten. Es liegt auf der Hand, dass der Abstieg erheblich schwieriger wird als der Aufstieg. Es kostet mich Überwindung, wieder in die Senkrechte zurückzukehren – dieser kurze Moment, an dem man scheinbar den Boden unter den Füßen verliert. Dann bin ich wieder in der Welt der Bewegung, voll konzentriert geht es nach unten. Langsam, wesentlich langsamer als auf dem

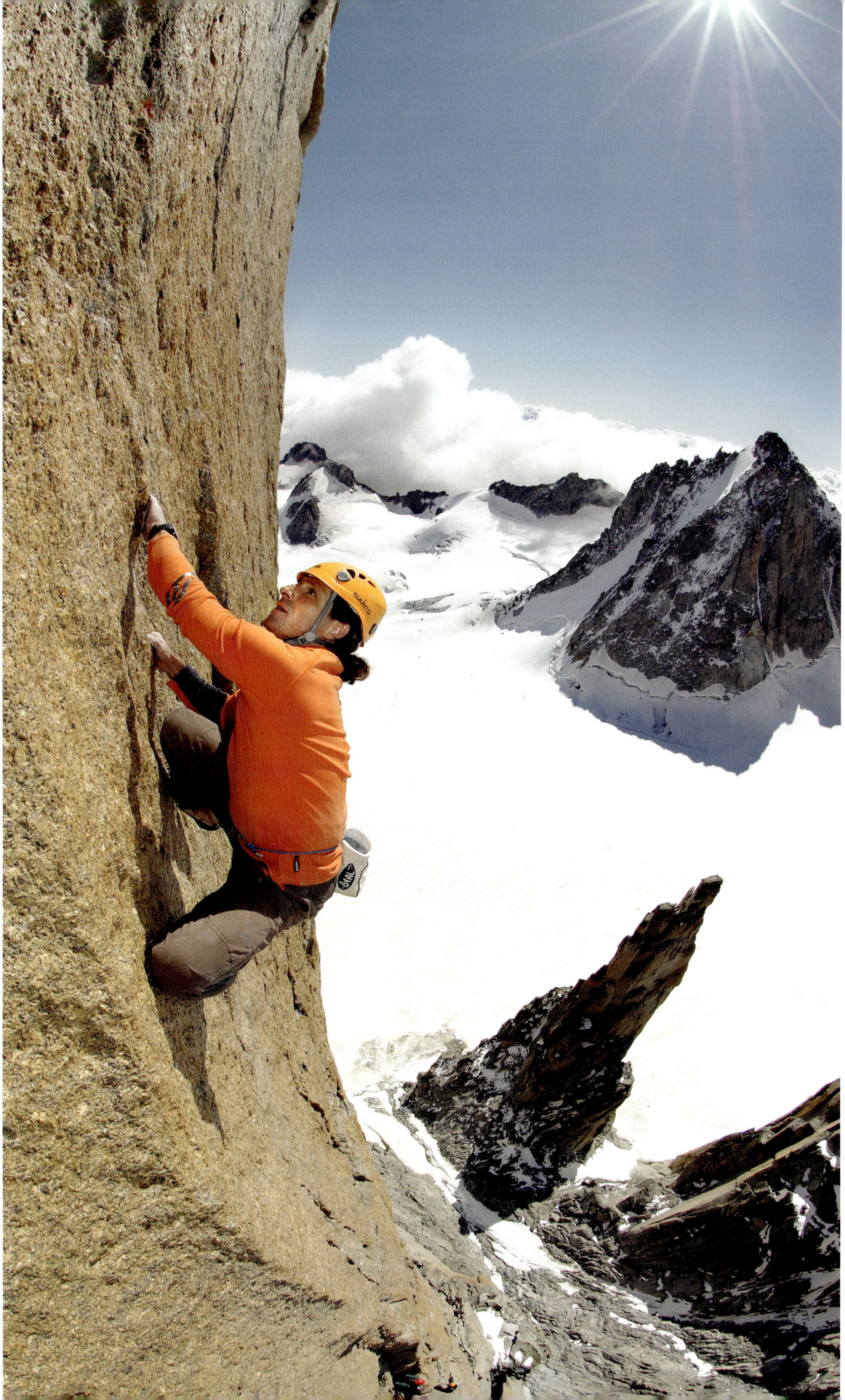

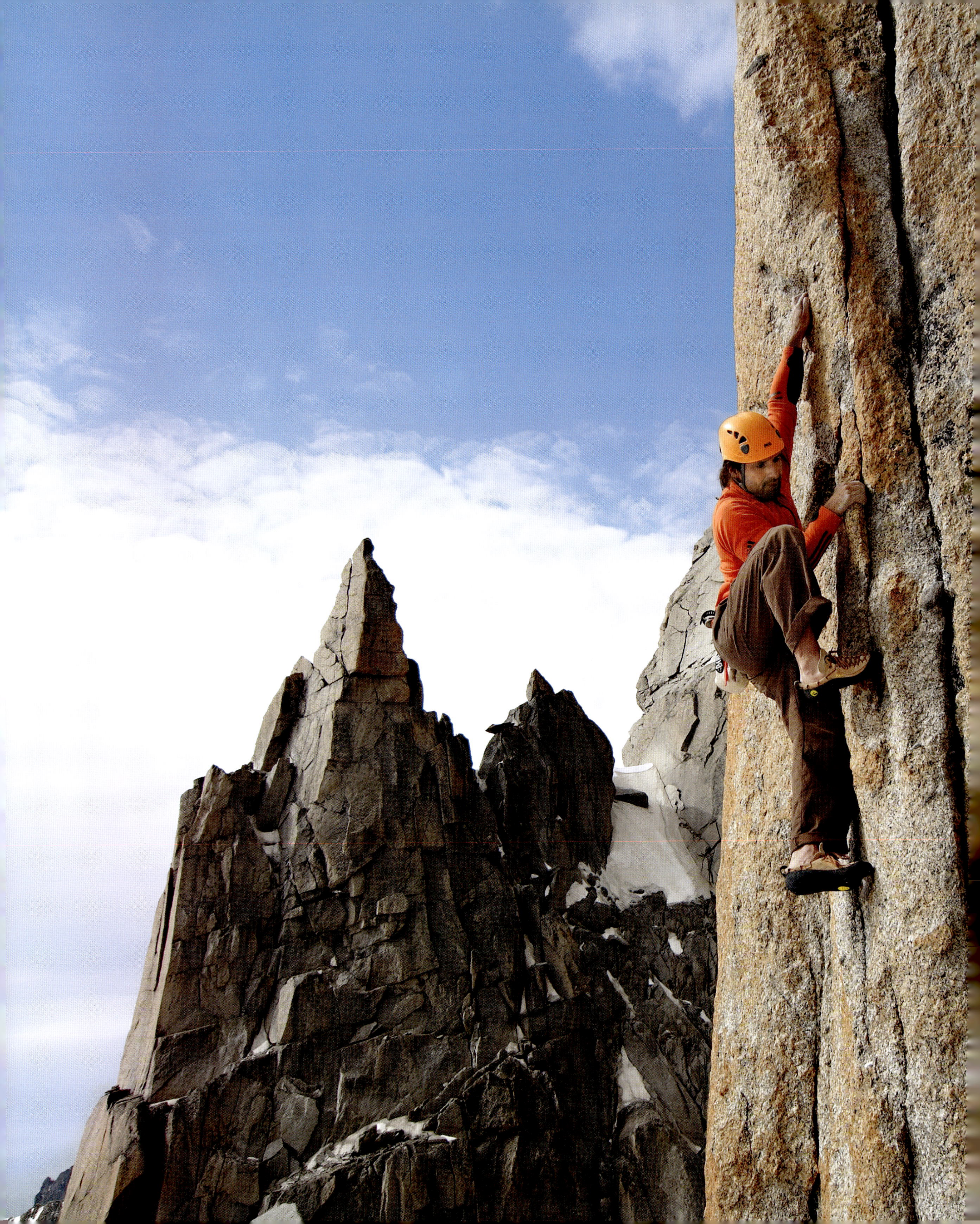

Weg nach oben. Aber es geht. Stress lasse ich keinen aufkommen, und nach einer Stunde und 46 Minuten Abklettern bin ich wieder bei meinen Steigeisen.

Der anschließende Abstieg durch das Schneecouloir und vor allem über den riesigen Bergschrund ist an diesem Tag einfach. Waren die Temperaturen zum Klettern eher frisch, so ist dafür der Schnee im Couloir und am Bergschrund noch halbwegs durchgefroren und ermöglicht mir einen sicheren Weg über das letzte, für Alleingänger zeitweise durchaus gefährliche Hindernis.

Sobald ich unten auf dem Gletscher stehe, wird der Spielraum der Gedanken wieder größer. Ich nehme erneut die Umwelt wahr, sehe die Wolkenstimmung, die Nebelfetzen, die immer wieder die Wände hinaufziehen. Je weiter ich mich vom Grand Capucin entferne, umso mehr kehre ich in meine »normale« Welt zurück. Und überlasse die Gipfel des Montblanc wieder sich selbst und denen, denen sie wirklich gehören. Den Königen der Luft.

Die besondere Herausforderung bei der Free-Solo-Besteigung des Grand Capucin lag nicht im Aufstieg. Die Schweizerführe (VII/6b) ist der leichteste frei kletterbare Weg und damit auch die einzige Option für den Abstieg.

In der Schlüsselstelle der Schweizerführe (VII/6b) am Grand Capucin, Montblanc.

Mein besonderer Dank

gehört Anne-Kathrin Bauer und Willi Schwenkmeier für die umfangreiche Recherche zu diesem Buch.

Literatur

Artikel

Achey, Jeff: »The point of no return«. In: Rock & Ice, Nr. 126, Collector's Edition Soloing – Dangerous Games: Epic Tales of Ropeless Ascents, Juli 2003, Seite 68–71.

Auer, Hansjörg: »Fisch free solo. Die letzte Gräte«. In: Klettern, Juli/August 2007, Seite 60f., 78f.

Boga, Steve: »Rock Star: John Bachar«. In: ders.: Risk. An Exploration into the Lives of Athletes on the Edge. Berkeley, California: North Atlantic Books, 1988, Seite 1–16.

Davis, Steph: »Steph Davis. Croqueuse de Diamant«. In: Vertical, Dezember 2007/Januar 2008, Seite 48–57.

Fidelman, Dean: »A Dangerous Trance. Potter Free Solos Separate Reality and A Dog's Roof Without a Hitch«. In: Rock and Ice, September 2006, Seite 26.

García Bello, J. Carlos: »Sueños en Libertad«. In: Desnivel, Nr. 48/1989, Seite 4–9.

Grosjean, Christine: »Claudio Barbier: l'albatros«. In: Alpinisme & Randonnée, Nr. 102, September 1987, Seite 67–71.

Hiebeler, Toni: »Claudio Barbier †«. In: Alpinismus, 1977, Nr. 8, Seite 8.

Kern, Steffen: »Ein Restrisiko bleibt. Free Solo gilt als Inbegriff des Wahnsinns, die traurigen Nachrichten kommen von woanders«. In: Klettern, März 2003, Seite 3.

Knopp, Fred: »A Lost Art. The Golden Age of American Free Solo Climbing«. In: Climbing, Mai 2003, Seite 57–60, 92–93.

Lambert, Erik: »Honnold Free Solos Moonlight Buttress«, auf www.alpinist.com, 2008

Samet, Matt: »Michael Reardon. Meet Mr. Producer. Free Soloing Goes to Hollywood«. In: Rock and Ice, Juni 2005, Seite 94–98, 117–121.

Samet, Matt: »Michael Reardon. Truth or Dare«. In: Rock & Ice, Januar 2006, Seite 54–57.

Stöhr, Ralph: »Hopp oder Topp«. In: Klettern, März 2003, Seite 23–27.

Synnot, Mark: »Henry Barber – Free-Climbing Pioneer, Free Soloist, Trad Climber, Motivational Speaker, Purist«, Hyperlink auf www.climbing.com, 2008

Takeda, Peter: »John Bachar Unplugged«. In: Rock & Ice, Nr. 126, Collector's Edition Soloing – Dangerous Games: Epic Tales of Ropeless Ascents, Juli 2003, Seite 54.

Bücher

Aufmuth, Ulrich: Lebenshunger. Die Sucht nach Abenteuer. Walter Verlag, 1994

Aufmuth, Ulrich: Zur Psychologie des Bergsteigens. Fischer Verlag, 1988

Ballenberger, Thomas/Hepp, Tilmann: Wolfgang Güllich – Klettern heißt frei sein. Boulder Verlag, 2006

Baumann-von Arx, Gabriella: Solo. Der Alleingänger Ueli Steck. Eine Nahaufnahme. Frederking & Thaler, 2008

Bubendorfer, Thomas: Solo. Lechner Verlag, 1987

Buhl, Hermann: Achttausend, drüber und drunter. Malik, 2005

Hepp, Tilmann: Wolfgang Güllich. Leben in der Senkrechten. Rosenheimer Verlagshaus, 1993

Hill, Lynn: Climbing free. In den steilsten Wänden der Welt. Malik, 2002

Huber, Alexander: Der Berg in mir. Klettern am Limit. Piper, 2007

Huber, Alexander/Zak, Heinz: Yosemite. Bergverlag Rother, 2002

Huber, Alexander/Schwenkmeier, Willi: Drei Zinnen. Bergverlag Rother, 2003

Long, John: The High Lonesome. Epic Solo Climbing Stories. Falcon Press, 1999

Messner, Reinhold: Freiklettern mit Paul Preuss. BLV, 1986

Messner, Reinhold: Vertical. 150 Jahre Kletterkunst. BLV, 2008

O'Connell, Nicholas: Conversations with Climbers. The Mountaineers, 1993

Pause, Walter: Der Tod als Seilgefährte. 33 Bergsteiger erzählen. Bruckmann, 1969

Robert, Alain: With bare Hands. The Story of the Human Spider. Maverik House, 2008

Suárez, Carlos: Solo. Experiencias y técnica de la escalada en solitario. Ediciones Desnivel, 1999

Warwitz, Siegbert A.: Sinnsuche im Wagnis. Leben in wachsenden Ringen. Erklärungsmodelle für grenzüberschreitendes Verhalten. Schneider, 2001

Zak, Heinz: Rock Stars. Die weltbesten Freikletterer. Bergverlag Rother, 1995

Kurt Albert free solo im »Devil's Crack« (VII), Frankenjura.

Glossar

Free Solo Seilfreie Alleinbegehung einer Route in freier Kletterei ohne Zuhilfenahme von Sicherungsmitteln, also ohne Seilsicherung und ohne technisches Klettern.

Freie Begehung Die gesamte Strecke einer Route wird frei geklettert: Zur Fortbewegung werden ausschließlich Haltepunkte an der natürlichen Felsoberfläche verwendet. Hilfsmittel wie Seil, Haken und Klemmkeile werden lediglich zu Sicherungszwecken eingesetzt.

On-Sight-Begehung Freie Vorstiegsbegehung einer unbekannten Route im ersten Versuch.

Point of no return Derjenige Punkt einer Route, ab dem aufgrund der Kletterschwierigkeiten während einer Free-Solo-Begehung nicht mehr abgeklettert werden kann. Hat man ihn überschritten, muss die Route zwingend durchgeklettert werden.

Technisches Klettern Die Fortbewegung im Fels findet unter Zuhilfenahme von technischen Hilfsmitteln wie Steigleitern, Bohrhaken, Haken oder Klemmkeilen statt.

Bildnachweis

Emmanuel Aguirre: Seite 82, 83
John Bachar: Seite 50
Laurent Belluard: Seite 78
Robi Bösch: Seite 81, 84, 85
Mark Chapman: Seite 39
Greg Epperson: Seite 52, 53
Dean Fidelma: 28, 29, 30o, 31o, 31u, 32, 33, 42, 60
Franz Hinterbrandner: Seite 133, 134, 135, 136, 138, 140
Alexander Huber: Seite 141
Brian Kimball: 47, 48/49
John McDonald: Seite 41
Michael Meisl: Seite 4, 94/95, 96, 105, 120/121, 122, 123, 125
Vincent Mercié: Seite 76/77, 77
Eric Pearlman: Seite 30, 54, 55, 61
Archiv Albert Precht: Seite 109
Brian Rennie: Seite 36
Dario Rodriguez: Seite 91, 92
Celin Serbo: Seite 62, 63
Bill Serniuk: Seite 30u
Sergio Veranes: Seite 79
Uli Wiesmeier: Seite 68/69
Heiko Wilhelm: Seite 142, 143, 145, 146/147
Angelika Zak: Seite 59
Heinz Zak: Seite 2, 7, 8/9, 10/11, 12/13, 14/15, 16/17, 22, 38, 40, 56, 65, 71, 72/73, 73, 75, 86/87, 88, 89, 93, 98, 100, 102/103, 106/107, 110, 113, 115, 116/117, 118, 119, 126, 129, 122, 137, 149, 150, 153, 154/155, 156/157, 159

Impressum

Bibliographische Information der Deutschen Bibliothek

Die Deutsche Bibliothek verzeichnet diese Publikation in der Deutschen Nationalbibliographie; detaillierte bibliographische Daten sind im Internet über http://dnb.ddb.de abrufbar.

BLV Buchverlag GmbH & Co. KG
80797 München

© 2009 BLV Buchverlag GmbH & Co. KG, München

Das Werk einschließlich aller seiner Teile ist urheberrechtlich geschützt. Jede Verwertung außerhalb der engen Grenzen des Urheberrechtsgesetzes ist ohne Zustimmung des Verlags unzulässig und strafbar. Das gilt insbesondere für Vervielfältigungen, Übersetzungen, Mikroverfilmungen und die Einspeicherung und Verarbeitung in elektronischen Systemen.

Umschlagfotos: Heinz Zak
Übersetzung: Alexander Huber
Lektorat: Karin Steinbach Tarnutzer, St. Gallen
Herstellung: Angelika Tröger
Layout Innenteil und DTP: Angelika Zak

Gedruckt auf chlorfrei gebleichtem Papier

Printed in Italy
ISBN 978-3-8354-0594-3

Hinweis
Das vorliegende Buch wurde sorgfältig erarbeitet. Dennoch erfolgen alle Angaben ohne Gewähr. Weder Autor noch Verlag können für eventuelle Nachteile oder Schäden, die aus den im Buch vorgestellten Informationen resultieren, eine Haftung übernehmen.

TIMELINE PRODUCTION präsentiert:

DEN FILM ZUM BUCH

Free Solo - ein Film von Franz Hinterbrandner und Max Reichel über die seilfreien Highlights von Alexander Huber. Atemberaubende Bilder der einzigartigen Begehungen geben einen Einblick auf den psychischen Drahtseilakt seiner Freesolo Leistungen.
www.timeline-production.de

Erhältlich ab 1.12.2009 im Huberbuam-Shop
www.huberbuam.de